新しい最高学府「ハッピー・サイエンス・ユニバーシティ」とは何か

未知なるものへの挑戦

CHALLENGE INTO THE UNKNOWN

RYUHO OKAWA
大川隆法

HSU

▲2015年4月4日 HSU入学式「ニュー・フロンティアを目指して」(第1章所収)

▲2016年4月5日 HSU入学式「未知なるものへの挑戦」(第2章所収)

▲2015年4月4日 HSU開学式「ニュー・フロンティアを目指して」会場の様子

2015年10月19日、HSUの植物工場実験室（右）や宇宙工学実験室（下）を視察する大川隆法（右写真、手前から２人目、下写真、中央）。

大川紫央総裁補佐（左写真、右から２人目）、大川真輝専務理事（左写真、右端。当時：常務理事）も同行した。

2015年２月23日、大川紫央総裁補佐、大川咲也加専務理事（左写真、左）と共に開学を控えるHSUを視察。

まえがき

教育に高度のモラルと生涯学習の権利が必要とされる今こそ、新時代の宗教教育を伴《ともな》う大学が必要である。それは日本国憲法一三条の「幸福追求権」や一四条の「法の下《もと》の平等」（宗教信条による差別は違憲）、一九条の「思想・良心の自由」、二〇条の「信教の自由」、二三条の「学問の自由」、二六条の「教育を受ける権利」にも表れている。

また、教育基本法の第一条で、教育の目的として「人格の完成」を目指している以上、宗教的価値観は当然に尊重されるべきである。「科学的唯物論《ゆいぶつろん》」だけを教育の内容にした場合、「人格の完成」には、ほど遠いことになることを、何人《なんぴと》も疑わざるをえないだろう。

本書は二〇一五年の入学式と、二〇一六年の入学式において「ハッピー・サイエンス・ユニバーシティ」の創立者として講演した内容である。国民には自分の信ずる信仰に基づく教育を受ける権利がある。ここに正論を述べるのみである。

二〇一六年　五月二日

ハッピー・サイエンス・ユニバーシティ創立者《そうりつしゃ》　大川隆法《おおかわりゅうほう》

未知なるものへの挑戦　目次

まえがき　1

第1章　ニュー・フロンティアを目指して

「ハッピー・サイエンス・ユニバーシティ」入学式にて
二〇一五年四月四日

1　初の入学式を迎《むか》えて　14
ハッピー・サイエンス・ユニバーシティは「現代の松下村塾《しょうかそんじゅく》」　14
現時点で「五千人規模の大学」まで発展することが見えている　17
2　政治でも一目《いちもく》置かれる幸福の科学の言論力　20
次々と現れた「三人の大臣の守護霊《しゅごれい》」　20
石原慎太郎《いしはらしんたろう》氏の守護霊が伝えてきた意外なメッセージ　24

3 HSUと学生の「未来」を展望する 26
実績をつくれば、文科省も認めざるをえない 26
HSUの卒業生に用意されている道 29
HSUを中心に〝日本のシリコンバレー〟をつくることも可能 33
必要であれば工場や研究所等もつくる 36
HSUは、やがて海外にも広がっていく 38
4 HSUが担《にな》うべき「真《しん》・善《ぜん》・美《び》」の探究 41
若者は「勇気」「責任感」「自制心」「克己心《こっきしん》」を持て 41
「未来に必要な倫理《りんり》基準等を問う」という人間幸福学部の使命 45
もう一回、「価値観の逆転」を行い、宗教を学問の上に 47
二〇一六年には新たに未来創造学部を創設 51
5 宗教がつくる大学の使命 54
「人々の苦しみや悲しみを見て、それを解決すること」が宗教の使命 54

大学で学ぶ「大人《おとな》の学問」は、どうあるべきか　57
「幸福の科学大学」の設置不認可は憲法違反《いはん》　59
教職員と学生が一体になって、新しい大学をつくっていこう　61

第2章　未知なるものへの挑戦《ちょうせん》

「ハッピー・サイエンス・ユニバーシティ」入学式にて
二〇一六年四月五日

1　HSU生に期待すること　66
HSUそのものが「未知なるものへの挑戦」である　66
学生は互《たが》いに学び合い、磨《みが》き合う関係を　69
2　知識も実学も重視するHSUの教育方針　71

「実践《じっせん》レベル」を想定してつくられたカリキュラム　71
現職の英語教員も苦戦するレベルの高度な英語教育　72
「ゼロから付加価値を生み出す人材」をつくりたい　74
幸福の科学の教義を学ぶと「仕事のできる人間」が育つ　76

3　HSUが求める理想の人材とは　80

「抵抗《ていこう》があることを楽しみ、道がないことを喜ぶ」気持ちを　80
第二のビル・ゲイツ、第二のスティーブ・ジョブズ出現への期待　83
「理想」は「現実」を屈服《くっぷく》させるためにこそある　84
吉田松陰《よしだしょういん》の教えの下《もと》、数多くの人材を輩出《はいしゅつ》した松下村塾　87
HSUはいずれ「人材の宝庫」となる　89

4　世界を視野に入れた未来型教育　92

唯物論《ゆいぶつろん》的価値観が強い現代教育の問題点　92
「秀才は天才に、天才は偉人《いじん》に変える」HSUの教育　95

ウォールストリートで通用する英語力を射程に入れている　99
アメリカの大学より厳しいＨＳＵの教育レベル　101
英語がよくできる人は、第二外国語の勉強を　104

5　未来を拓《ひら》くＨＳＵの使命　107
「起業家精神」や「チャレンジ精神」のある人材を育てたい　107
「伝道力」こそ、プロの宗教家の証明　110

第３章　質疑応答

二〇一五年四月四日・二〇一六年四月五日
「ハッピー・サイエンス・ユニバーシティ」入学式にて

1　「ＨＳＵでの学生生活」の心構えについて　116

「プロの伝道師」といえるのは、どのような人か　117
伝道も営業も、成功の鍵《かぎ》は「説得力」にある　120
世代の違《ちが》いによって認識が変わることを理解する　122
人間として自立し、実績を示すことで親の信頼《しんらい》を得ることができる　124
困難に対しては、「人間としての実力の問題」と割り切って考える　127

2 「作務《さむ》の意義と心構え」について　129
経営コンサルタントの一倉定《いちくらさだむ》も重視した「整理整頓《せいりせいとん》」や「掃除《そうじ》」の習慣　130
「日ごろの生活」は周りの人たちから見られている　133
「真理は細部に宿る」と考え、小さなことを大事にする　135

3 「学生信仰《しんこう》革命」が目指すものとは　137
超《ちょう》一流大学に進んだ信仰者たちの意外な「その後」　138
幸福の科学は「諸学問に対して開《ひら》いた体系」を持っている　139
灯台守《とうだいもり》のように、光を放ちながら闇夜《やみよ》の海を照らし続ける　141

一般《いっぱん》の人に仏法真理《ぶっぽうしんり》を伝え、「知行合一《ちこうごういつ》」の実践を　143
HSUは全国の学生部の「シンクタンク」「知恵袋《ちえぶくろ》」となれ　146
4　人を惹《ひ》きつける「笑い」の力とは　148
「笑い」は未来創造学部で研究してもよいテーマの一つ　149
「ユーモアのセンスがある」とほめられた香港《ホンコン》講演　150
香港の人たちがショックを受けた「考え方」とは　153
「笑いの価値」は、どのようなところに生じるのか　154
真面目《まじめ》に話しているのに「笑い」を呼び込《こ》むパターン　157
「多様な視点」や「異質な目」をつくる努力が〝落差〟を生む　159
5　HSU生の未来に期待することとは　161
HSUに集まった学生たちの特徴《とくちょう》　162
HSU生として「本物の実力」を身につけていく　164
営業・サービス系、マーケティング系の人材が豊富なHSU　167

「今までに見たことのないような新しいもの」をつくり出せ　170
「知の殿堂《でんどう》」として世界に情報発信していくＨＳＵ　173

あとがき　178

特別掲載
ハッピー・サイエンス・ユニバーシティ校歌『輝いて』　180

第1章

ニュー・フロンティアを目指して

2015年4月4日
「ハッピー・サイエンス・ユニバーシティ」
入学式にて

1　初の入学式を迎《むか》えて

ハッピー・サイエンス・ユニバーシティは「現代の松下村塾《しょうかそんじゅく》」

四月とはいえ、この外房総《そとぼうそう》においてさえ、まだ肌《はだ》寒い今日、みなさんの入学式を迎《むか》えることができました。とてもうれしく思っています。

また、みなさんとの約束を守れたことを、とてもうれしく思っています。

開学に当たっては、この世的な困難や事象は、やはり、さまざまに立ち上《のぼ》ってきましたけれども、「そういうものと一個一個戦って、勝ち進んでいかねばならない」と、以前から教えで説いてきたとおりのことを、私どもは、やっているのみです（注。学校法人幸福の科学学園は、「幸福の科学大学」の設置認可を文部科学省に申請《しんせい》したが、不当にも不認可とされたため、私塾《しじゅく》〔高等宗教研究機関」「ハッピー・サイエンス・ユニバーシティ（ＨＳＵ）」を開校した。『大学設置審議《しんぎ》会インサイド・レポート』『スピリチュアル・エキスパートによる文部科学大臣の「大学設置審査」検証（上下）』（いずれも幸福の科学出版刊）等参照）。

ハッピー・サイエンス・ユニバーシティを打ち立てるに当たり、「現代の松下村塾《しょうかそんじゅく》」という言葉を使わせていただきましたが、もし現在、吉田松陰《よしだしょういん》が健在ならば、どうしたでしょうか。絶対、同じことをしていると思います。絶対、諦《あきら》めないで、突《つ》っ込《こ》んでいると思います。

吉田松陰と松下村塾

吉田松陰像
（山口県文書館蔵）

幕末の長州藩士・吉田松陰（1830-1859）は、松下村塾で弟子を教育し、優秀な人材を数多く輩出した。倒幕論を唱え、自身は29歳のときに「安政の大獄《あんせいのたいごく》」で処刑されるが、その志は弟子たちに受け継がれ、明治維新の原動力となった。

▶松下村塾は幕府や藩からの認可のない私塾だったが、久坂玄瑞《くさかげんずい》、高杉晋作《たかすぎしんさく》、伊藤《いとう》博文《ひろぶみ》、山県有朋《やまがたありとも》ら、維新の志士や明治政府の元勲《げんくん》を多数輩出した。

現代の松下村塾
「ハッピー・サイエンス・ユニバーシティ」(HSU)

2015年に開学した「日本発の本格私学」(創立者・大川隆法)。「幸福の探究と新文明の創造」を建学の精神とし、「人間幸福学部」「経営成功学部」「未来産業学部」「未来創造学部(2016年開設)」の4学部からなる。2017年には、未来創造学部で使用する東京キャンパス(東京都江東《こうとう》区)が開設予定。

①校舎棟の正面「立志門《りっしもん》」。奥には、HSUのシンボルであるピラミッド型礼拝堂《らいはいどう》がある。②校舎棟屋上から見たキャンパス。右側の建物は講堂兼体育館。通路を挟んだ左側のカフェテリアは地域住民も利用可能。写真の左手奥には太平洋が広がる。③480人が入れる学生寮(全室個室)。

「幕府の掟《おきて》がどうであるとか、長州藩《ちょうしゅうはん》の掟がどうであるとか、そんなことは関係がない！　われわれは日本の未来をつくらねばならんのだ」と必ず言い、その考えに基《もと》づいて自分の行動をつくったと思います。

それと同じようなことを、私たちは今やっています。

現時点で「五千人規模の大学」まで発展することが見えている

ＨＳＵは、「松下村塾」と言うには、やや規模が大きすぎる感じがあることは否《いな》めません。すでに、松下村塾の規模を、そうとう超《こ》えています。

定員は二百四十名なのですが、本日、二百六十名に入学されてしまいました。「入学されてしまった」という言い方は、よろしくないかもしれませんが、「多少は辞退者が出て、ほかの大学へ行くだろう」と私どもは予想し、少し多めに合格者を出しておいたら、ほとんどの人が来てしまったので、「あれ？」という感じがあったのです。

今、日本の大学（四年制私立大学）の四割以上が定員割れを起こしているなかで、ＨＳＵという、非常に厳しい船出《ふなで》をしているところに定員割れが起きないというのは、通常、ありえないことです。

多少は辞退者《じたいしゃ》が出ることを予想して、合格者の上乗せをしておいたのですが、ＨＳＵではなく、日本の有名大学のほうに少し欠員が出てき始めたようです。そのあたりについては、「それらの大学は規模が大きいからよいだろう」と思ってはいます。

私どもの志《こころざし》は、もっともっと、はるかに大きいのです。

今、みなさんがスタート点に立った、この時点は、ハッピー・サイエンス・ユニバーシティの第一期レベルです。だいたい千人規模の学校を今のこの校舎でつくるのが第一期ですが、まだ、第二期、第三期と拡張《かくちょう》していく予定があり、長生村《ちょうせいむら》のこの用地で、「五千人規模の大学」まではつくれると考えています。

それからも、もう少し広がっていく可能性はあると思っていますが、まずは第一期として、千人規模の大学が最初の四年間でできます。この千人規模の大学で一定の成功を収めることが条件であり、そのあと、さらに発展していくことになると思います。

2　政治でも一目《いちもく》置かれる幸福の科学の言論力

次々と現れた「三人の大臣の守護霊《しゅごれい》」

先ほど、新入生代表の挨拶《あいさつ》のなかで、去年（二〇一四年）、いろいろと涙《なみだ》を流したことを話していた人もいましたが、それほど心配するには及《およ》びません。

今、日本の国を動かしているのは私です（注。これまで政治・経済に関する法話や、政治家や財界人、学者等の霊言・守護霊霊言を多数収録し、その内容が政府の主要政策やマスコミ報道等に影響を与えている。二〇一三年には『「特定秘密保護法」をどう考えるべきか』〔幸福の科学出版刊〕を、二〇一四年には『「集団的自衛権」はなぜ必要なのか』〔幸福実現党刊〕をそれぞれ緊急出版した直後に、関連法案が可決した）。

実は、一昨日《おととい》の夜の十時に、文科大臣（講演当時）の守護霊《しゅごれい》が私のところに来て、十時から十時半まで三十分間、粘《ねば》っていました。

その守護霊は、「大川総裁が創立者として大学の入学式で話をするようだが、『（文科大臣に）賄賂《わいろ》を出さなかったから、認可されなかった』ということだけは、絶対、言ってくれるな。ほかのことは言ってもよいが、それだけは言わないでくれ」と言い、三十分間、交渉《こうしょう》していたのです。

ただ、「『言わないでくれ』と言われたら、言うしかないかな」とは思っています（会場笑）。

これは一昨日の晩のことです。

そして、昨日《きのう》の夕方の五時には、菅官房長官《すがかんぼうちょうかん》の守護霊がやってきて、一時間、交渉されましたが、彼の守護霊は次のようなことを言っていました。

「これから沖縄《おきなわ》へ行って、沖縄県知事と、普天間《ふてんま》から辺野古《へのこ》への米軍基地移転の交渉をする。沖縄は〝危険地帯〟であり、民主党は『首相のクビが飛ぶ』という敗北を味わったところなので、たいへん厳しい。沖縄まで行って知事と会うのは非常に危険である。しかし、安倍《あべ》総理を送ると、安倍さんのクビが飛ぶ可能性があるから、私が代わりに行く。

大川総裁は、本来ならば、ＨＳＵの入学式なんかで話をしていないで、沖縄に行き、大講演会を日曜日にやって、その前後にデモや街宣、チラシ撒《ま》きなどをたくさん行い、沖縄県知事を糾弾《きゅうだん》する大会を、ぜひともやっていただきたい。大学は、まあ、いいじゃないですか。ほかの人でも話ができますから。沖縄で今やらないで、いつやるんですか」

そう言っていたので、私は、「それは、あなたの仕事でしょう」と言い返したのです。

彼の守護霊は、一時間ほどですごすごと帰っていきましたが、帰り際《ぎわ》に、「明日の朝には安倍さん（の守護霊）が来るからね」と言っていました（会場笑）。

ところが、安倍首相の守護霊は、今朝《けさ》を待つことなく、昨日の夜に現れ、二、三十分いて、次のようなことを述べていました。

「内閣支持率が下がってきている（講演当時）。このままでは今の四十パーセント台から三十パーセント台に落ちるし、下手《へた》をすれば二十パーセントを切り、政権を維持《いじ》できなくなるかもしれない。

（幸福の科学と自民党は）志《こころざし》を同じくし、政治的な方向には、かなり重なっているところが大きいのだから、もう少し協力関係を維持しなければいけないのではないだろうか。

『憲法九条の改正』とか、『国防の重視』とか、『景気をよくしたい』とか、いろいろな点で一致《いっち》しているところも多いし、民主党（講演当時。現・民進党）に政権を渡《わた》すわけにもいかないので、わが政権が続いていくためには、やはり協力・協調関係が大事ではないか」

そのようなことを、一生懸命《いっしょうけんめい》、私に話をしていましたけれども、総裁補佐《ほさ》から、「政治家は嘘《うそ》つきだから、信用しません」と言われ、それで帰っていきました。

石原慎太郎《いしはらしんたろう》氏の守護霊《しゅごれい》が伝えてきた意外なメッセージ

今朝は、石原慎太郎《いしはらしんたろう》氏の守護霊《しゅごれい》がお出《い》でになりました。こちらは、なんと、応援《おうえん》に来てくれたのです。彼の守護霊は次のように言っていました。

「官邸《かんてい》なんてバカばかりだから、相手にするな。

要するに、彼らには言論力がないんだ。文科大臣（の守護霊）だの、官房長官（の守護霊）だの、首相（の守護霊）だのが頼《たの》みに来ているのは、自分たちに言論力がないからだ。言論力がないので、マスコミに敵《かな》わない。マスコミに言い返せず、太刀《たち》打ちできないのは、自分で意見を組み立てるだけの力がないからだ。

だから、大川総裁に言ってほしいんだ」

ただ、「官房長官の代わりに沖縄県知事を折伏《しゃくぶく》するのが、なぜ私の仕事でなくてはいけないか」という問題は、やはり、あることはあるわけです。

こちらには、意見を本にして出せるぐらいの力があるので、言論力は、はるか

●**折伏**　誤った見解に陥っている人に対し、厳しい一喝をもってする、仏教における教導方法。

に上です。それはよく分かっているのです。

これまで、「幸福の科学がまず〝先兵《せんぺい》〟になって、〝敵〟をパーンと跳《は》ね飛ばしてしまい、そのあと、〝ゆっくりと自民党が行進〟してくる」というスタイルが多かったので、安倍さんや菅さんの守護霊は、それをもう少しやってほしそうなことを言っているわけですが、それは、いつまでも続くことではないと思います。

やはり、もう少し正々堂々の陣《じん》でやらないと、とうてい与党《よとう》とは言えないと思うのです。

（注。本講演の翌日の二〇一五年四月五日の菅官房長官と翁長《おなが》沖縄県知事との会談後、四月七日に翁長知事の守護霊霊言を収録。四月十九日には、幸福の科学・沖縄正心館にて法話「真の平和に向けて」を行った。『沖縄の論理は正しいのか？――翁長知事へのスピリチュアル・インタビュー――』『真の平和に向けて』〔共に幸福の科学出版刊〕参照）

3　ＨＳＵと学生の「未来」を展望する

実績をつくれば、文科省も認めざるをえない

ＨＳＵについて心配しておられる方も多いでしょうが、財務省の今の幹部には私の学生時代の友達が何人もおり、財務省は、ＨＳＵを学校として認めているので、ご心配なさらないようにしてください。

国策銀行である日本政策金融《きんゆう》公庫や、メガバンクなどが、大学等に通う学生に奨学金《しょうがくきん》を貸与《たいよ》する制度がみなさんにも適用され、奨学金が出るようになっています。これは「財務省がＨＳＵを学校として認めている」ということです。

また、文科大臣（講演当時）に対し、マスコミのほうからも攻撃《こうげき》がかなり出始めているので、「幸福の科学がマスコミを動かして、やらせているのではないか」

と疑っている向きもありますけれども、あまりにも姑息《こそく》なので、「相手にするような問題ではない」と私は思っています。

われわれは、「事実は事実、真実は真実」として、堂々とやっています。

それから、われわれが文科省と交渉《こうしょう》したなかで、嘘《うそ》・偽《いつわ》りは一切《いっさい》言っていません。真実のことを真実のままに言って、堂々の交渉をしています。

現行の日本国憲法の解釈《かいしゃく》上、われわれが言っていることには一点の間違《まちが》いもありません。「学問の自由」「信教の自由」「結社の自由」「国民の幸福追求の権利」など、あらゆる観点から見て、「私たちが言ったことのほうが正しい」ということが分かります。

「公僕《こうぼく》である方が、私怨《しえん》でもって許認可権限を自由に使う。そして、自分たちの権限や権力、金力《きんりょく》を増大させる」というようなことは、許すまじきことであると私は思っています。

小さな問題ではありますが、いずれ決着はつくので、どうか、ご心配なさらないようにしていただきたいと思います。それを最初に申し上げておきます。それから、日本のように、大学設置前に認可が下りるケースもありますけれども、そうではない国もあります。

アメリカでは、基本的には、まず、このように大学を開校し、二、三年ぐらい運営してみて、「学問を教える場として、いちおう機能している。生徒も先生も集まり、うまく運営できている」という実績ができてから申請《しんせい》し、それから認可が下りるかたちになっています。

したがって、ＨＳＵのようなかたちは、別におかしなことでも何でもありません。

みなさんは、今日、このように集《つど》ってくださいましたが、このあと、後輩《こうはい》たちが続いてきて、授業がきちんとなされ、「客観的に見ても、大学としてきっちりと機能している」という実績をつくることが大事です。

最終的には、「卒業生たちが、どういう進路をたどるか」というところまで行きますが、そういう実績をつくれば、文科省も認めざるをえません。日本が人治《じんち》国家ではなく法治《ほうち》国家である以上、必ず認めざるをえないようになっているので、そのあたりについては、ご心配なさらないでください。

「宗教をなめるんじゃない！」と、一言《ひとこと》、言っておきたいと思います（会場拍《はく》手《しゅ》）。

HSUの卒業生に用意されている道

特に、この世的なことでお悩《なや》みのみなさんは、四年後の就職先のことなどを心配しているかと思います。しかし、幸福の科学は世界宗教を目指しているところなので、そういう、就職先で路頭《ろとう》に迷うようなことはさせません。どうか安心していていただきたいと思っています。

今、当教団には、国内だけでも五百数十の支部・拠点がありますが（講演当時。二〇一六年四月末時点では国内に約六百カ所の支部・拠点《きょてん》がある）、これを千支部に向けて広げていきます。

また、海外においても、今、百カ国以上で活動を展開しています。それぞれで支部を開き、一国に幾《いく》つもの支部を開いて、職員を配置しなければなりません。近い将来、幸福の科学の職員の半分は海外にいることになると思っています。海外の百カ国以上で同時展開していくようなスタイルの教団になるので、ほかの教団とは違います。日本語が通じるブラジルやハワイぐらいには進出している教団もありますが、全世界で同時に活動を推《お》し進めているところは、それほどないので、「当会には、それだけの力がある」ということです。

「未来は、まだまだ、有力な人材を欲《ほっ》している」ということを知っていただきたいと考えています。

したがって、みなさんの進路のなかには、もちろん、そうした、発展していく幸福の科学もあります。また、幸福の科学が展開する事業に、その一員として加わる方もかなり多いと思います。

私は、今のところ、「今日ＨＳＵに入られたみなさんの半分ぐらいは、そうなるのではないか」と予想しています。

また、それ以外の分野でも、幾つかの考えがあります。

当会には、いわゆる大黒天企業《だいこくてんきぎょう》、植福《しょくふく》（布施《ふせ》）をしたりして応援《おうえん》してくださっている企業がありますが、どこも今は発展中であり、人材を欲しているので、「大黒天企業に幹部要員として採用していただく」ということも、一つの道として考えています。

これについては、みなさんが四年間いる間《あいだ》に、いろいろな企業の方々と話が始まると思います。

もちろん、それ以外にも、当会の関係先はたくさんあるので、就職できるところはたくさんあります。

仕事のできる人材をつくるHSUのキャリア支援

「キャリア・デザインⅠ」の授業風景。

キャリア支援室では、「キャリア・デザイン」の授業やインターン（企業での就業体験）制度、資格取得の支援等を通して、学生一人ひとりの人生設計をサポートしている。

● 現役経営者によるゲスト講話

1年次の授業「キャリア・デザインⅠ、Ⅱ」は全学必修。授業には、現役の経営者やトップエリートを招いてのゲスト講話が含まれ、毎回人気を博している。2015年度は、一部上場企業の創業社長やTV番組「カンブリア宮殿」でも取り上げられた企業の社長など、延べ45人のゲストを招いた。

ゲスト講話では、学生からゲストにインタビューを行う時間がある。学生は4人1組で、一人のゲストに対して2組が、事前に収集した情報等をもとに質問を組み立てる。

● インターン制度や資格取得への取り組み

1年次からインターン制度に取り組んでいるのもHSUの特徴で、2015年は製造業、小売業、建設業、IT、医療機関等の幅広い業種で学生が実践経験を積んだ。資格取得では、開学一年にして簿記《ぼき》検定等の合格者が続々誕生している。2年次の「キャリア・デザインⅢ、Ⅳ」では、税理士や公認会計士等の国家資格も視野に、より本格的な資格の学習や社会人基礎力の習得に取り組む。また、3年次の「キャリア・デザインⅤ、Ⅵ」では、新規開拓力の向上など、一層の即戦力化に向けたプログラムにも取り組む。

ＨＳＵを中心に〝日本のシリコンバレー〟をつくることも可能

そういう意味で、みなさんの行き先はありますが、もう一つ、ＨＳＵには普通《ふつう》の大学と違うところがあります。先ほど、未来産業学部の新入生代表からもありましたが、ここには、ほかの大学と徹底的《てってい》に違うところがあるのです。

ほかの大学は、「過去」を引きずっているか、「現在」を精一杯《せいいっぱい》生きているところです。しかし、われわれのＨＳＵは「未来」をクリエイトするところです。

われわれは、「今ないもの」「これから未来に必要とされるもの」をつくろうとしています。あるいは、「未来はこうでなければならない」という設計図を示し、それを現実化していこうとしています。ＨＳＵは、そのためにつくったユニバーシティなのです。

先ほど言ったように、当会の職員になる道や、当会に協賛してくださっている数多くの企業群に就職する道もありますが、それ以外に、もう一つ、在学中に未

「未来産業学部」

未来産業に必要な機械・電気電子・情報工学を中心に、物理学や化学・生物学などの理学、宇宙工学や植物工場などの先端技術を学ぶ。また、技術経営についても学び、起業家精神を磨く。

基礎科目の授業風景。

「産業技術入門実習」の実習風景。

● 実習科目が充実

1年次の科目「産業技術入門実習」では、「ヒューマンインタフェース」「超小型衛星システム開発」「プラズマ」「レゴロボット」「植物工場」「電気自動車」から、興味のあるテーマを選ぶ。1年次の前期から専門に関する実習科目を履修《りしゅう》できるのも、未来産業学部の特徴の一つ。

〈植物工場〉

植物工場実験室での実習。収量を上げるための栽培試験を行い、野菜の成分についても比較する。

〈電気自動車〉

電気自動車の製作実習。

〈プラズマ〉

◀ HSU祭（学園祭）で展示した自作のプラズマ発生装置。

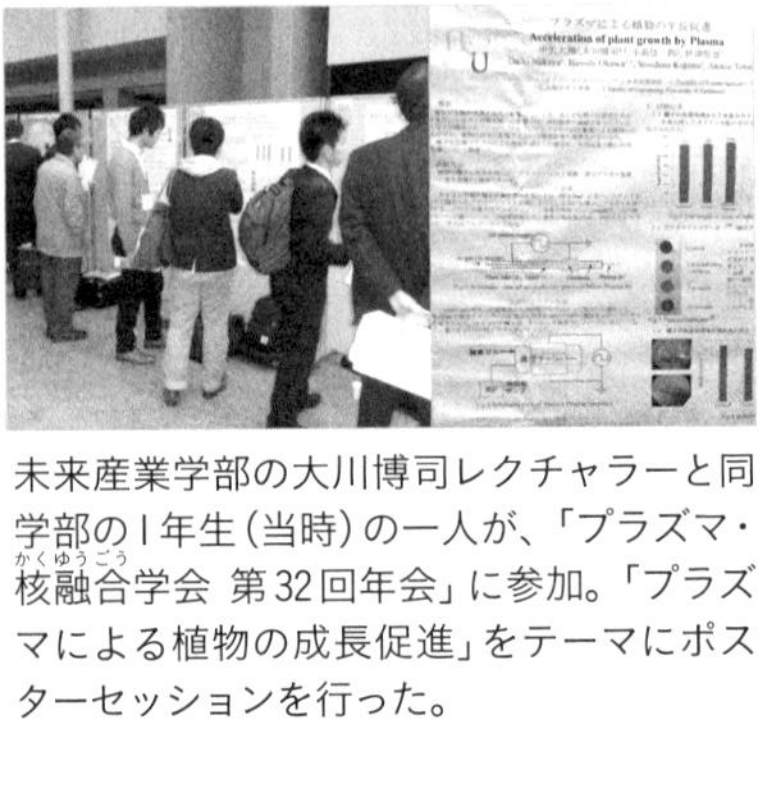

未来産業学部の大川博司レクチャラーと同学部の1年生（当時）の一人が、「プラズマ・核融合《かくゆうごう》学会 第32回年会」に参加。「プラズマによる植物の成長促進」をテーマにポスターセッションを行った。

来産業を見いだす道もあります。

例えば、未来産業学部は、はっきり言って、かなり〝緩《ゆる》い構え〟につくってあります。何でもやれるように〝緩く〟してあるのです。「これだけ履修《りしゅう》したら、卒業し、就職できる」というようなかたちではなく、はっきり言えば、何でもやれるように、いちおう緩くしてあるわけです。そのあたりについては、教職員のほうも、だいたい分かっていると思います。

未来に必要な産業の〝種子《しゅし》〟を、在学中の四年間の間に、できたら幾つか、あるいは数多く見いだしていただきたいのです。「未来産業として、日本の未来にこれが必要だ」とか、「世界の未来にこれが必要だ」とか、そういうものを見いだしてください。

ＨＳＵには「経営成功学部」というところもあります。この経営成功学部がなぜあるかというと、これは未来産業学部と〝合体〟し、協力し合って、新しい企業を立ち上げていくためにあります。そういうことまで構想のなかに入っているのです。

この近辺は、いちおう東京圏内《けんない》に入っています。上総一ノ宮《かずさいちのみや》駅までは、新東京というか、東京圏内に入っている通勤圏だそうですが、この近辺には、まだ土地もかなり空《あ》いているので、ここが〝日本のシリコンバレー〟になる日は、あるいは、そう遠くないのではないかと考えています。

必要であれば工場や研究所等もつくる

「未来産業学部が新産業のもとになるものを考え、それを経営成功学部の方々が、例えば、企業形態や研究所形態に持っていく」ということなど、いろいろなかたちがあると思いますが、「形のあるものを社会に生み出していく組織をつくり出し、何らかの有益《ゆうえき》な事業をつくり出す」ということも一つの大きな夢です。

これからの日本や世界を引っ張っていくような産業をつくりたいのです。

その種《たね》は現在すでにあるかもしれませんが、まだ、多くの人たちが気がついて

●**シリコンバレー**　米カリフォルニア州北部に位置し、アップル、グーグル、フェイスブック、インテル他、IT関連企業が数多く集まる地域のこと。その中心部にあるスタンフォード大学や近隣のカリフォルニア大学バークレー校が人材供給源となっており、同大学出身者が創業者や経営者である企業も多い。

いなかったり、事業としては成立していなかったりするものが数多くあると思います。

もちろん、それに対しては、幸福の科学のほうも、できるかぎりのバックアップをしていきたいと考えています。

したがって、理系の方々も、「四年たって卒業したあと、どうしたらいいの？」などという心配をなさらなくて結構です。

この近くには大手メーカーの工場がありますが、行く必要はありません。必要であれば、工場であろうが、研究所であろうが、株式会社であろうが、何だってつくります（会場拍手）。

みなさん、未来の職業に関して、「自分は何をするか」とか、「居場所《いばしょ》がないのではないか」とか、そんな心配はしなくてよいのです。

みなさんには、今、与えられている課題、すなわち、「未来の産業をつくって、日本や世界の多くの人たちが豊かに発展していけるようにするには、どうしたらよいのか」「人類がサバイバルできるようにするには、どうしたらよいのか」「食《しょく》糧争奪《りょうそうだつ》や資源争奪のために戦争が起きないようにするには、どうしたらよいのか」という課題に、真っ向から立ち向かっていっていただきたいのです。

大学院や研究所、工場、株式会社など、そうしたものはつくることができるので、どうか安心してください。

ＨＳＵは、やがて海外にも広がっていく

このＨＳＵは、たぶん、日本だけでは止まらないと思います。

最初は、海外から「ＨＳＵに留学したい」という声が、そうとう出てくると思うのですが、おそらく、「留学させるのは面倒《めんどう》くさいので、外国にもつくってしまえ」ということになると思います。

大学をつくるのは、海外のほうが、日本よりよっぽど楽です。海外にはつくりやすい所がたくさんあるので、たぶん海外にもできるであろうと思います。

これは海外での支部展開とも関連するのですが、問い合わせはとっくに始まっており、いろいろな国から問い合わせが来ているのです。

例えば、インドに大学をつくろうとしたら、出来上がる前に、もう定員に収まらない状態になると思うので（笑）、よっぽど大きく考えておかないと、間に合わないことになるのではないかと思います。

当会はインドで支部をつくれなくて困っています。つくろうとしても、会員が多すぎて、会員を十分に収容できる建物を建てられないのです。国際戦略がまだ間に合わない状態が続いています。下手《へた》につくると、必要な大きさより小さくなってしまいます。野外か大きな外部会場でないと集会を開けない状態になっているのです。

ほかの国でも、そういうことがたくさん起きています。

したがって、未来においては、海外のほうでも当会の組織が大きくなってくると考えています。

幸福の科学の理念そのものについては、もう、外国にいる人のほうがよく分かっていることもあります。

日本のテレビでは、七局ぐらいの地方局で私の講演が流れたりしてはいますが、海外ではどうかというと、アフリカでは〝大陸丸《まる》ごと〟と言ってよいぐらい、私の講演がテレビで流れています。また、インドやスリランカなどでも流れたことがありますし、アメリカやカナダのほうでも、そうした動きはあります。

そういう意味で、今、世界的に知られつつあるので、日本が最後になってしまうこともあるかもしれません。

日本では意外に、〝佐《さ》幕《ばく》体制〟というか、〝幕藩《ばくはん》体制〟がずっと続いており、「一国孤立《こりつ》主義」的な動きをしているので、世界の常識がなかなか日本の常識にならないことが多いのです。

●**海外では……**　2012年6月のウガンダでの講演は、国営放送や民放テレビ局など、数カ国でテレビ放映され、アフリカ全土で推定約3000万人が視聴した。また2011年には、ネパール、インド、スリランカ、フィリピンなどで行われた講演が、各国の国営放送や民放テレビ局で放映された。

4　HSUが担《にな》うべき「真《しん》・善《ぜん》・美《び》」の探究

若者は「勇気」「責任感」「自制心」「克己心《こっきしん》」を持て

みなさんが、今後、新しい道にブレイクスルー（限界突破《とっぱ》）していくために、今、本当に必要なものは何でしょうか。

当会は、中学・高校とつくってきましたが、大学教育において、まったく新しい観点から「教育改革」を、あるいは「教育革命」を起こすことが大事だと考えています。

とにかく、どの分野でもよいので、「世界一のもの」をつくろうではありませんか。

みなさんに言うだけではないのです。教職員も一緒《いっしょ》にやります。ここは、「教

「経営成功学部」

従来の経営学に加え、法学、経済学などを幅広く履修《りしゅう》。社会が抱える経済上の問題を解決する能力を育成し、企業や国家、世界の成長戦略に貢献《こうけん》できる人材の輩出を目指す。

「経済学入門」の授業風景。

● 実践的・創造的なカリキュラム

専門科目は大きく三つ、①成功する考え方を学ぶ「幸福の科学経営論領域」、②経営論や会計学、マーケティング等を学ぶ「経営学領域」、③ビジネススキルや英語コミュニケーション等を磨く「創造実践科目」がある。また、農業ビジネスやファッション・ビジネス関連のゼミなどもあり、基本的なビジネススキルの習得から専門分野の研究まで、幅広いカリキュラムが組まれている。

「大学シリーズゼミ」は1クラス十数人の少人数制で、「大学シリーズ」(大川隆法著)から毎週1冊を精読する。学生は事前にレポートを作成、授業でそれを発表し、ディベートを行う。

教員は授業以外にもさまざまな相談に乗り、「メールには返信をする」「時間を守る」といった社会人としての基本マナーも指導している。

職員が教えて、学生が一方的に授業を聴《き》き、単位を取って卒業し、就職する学校」ではありません。そういう学校ではなくて、「未来をつくり出すところ」なのです。

先ほど未来産業学部と経営成功学部の話をしましたが、役人などは、「経営学部ならよいけれども、経営成功学部はいけない。失敗したときに責任が取れない」と言ったりするので、話になりません。全然、話が通じないのです。そういう人がいるから、この国は駄目《だめ》になっているわけです。

やはり、「経営を成功させるためには、どうするか」ということを、考えていかなければならないのです。

若者たちがこれから背負うべきなのは、そうした未来への「勇気」であり、「責任感」であり、そういう自分をつくり上げてゆくための「自制心」「克己心《こっきしん》」です。こういうものが必要だと私は思っています。

「人間幸福学部」

●人間幸福コース
●国際コース

幸福の科学教学を土台とした「人間学」の王道を深く学ぶとともに、幅広い人文系の教養や高度な語学、国際教養を身につけた、新時代を切り拓くリーダーを養成する。

「幸福学概論」の授業風景。

● 人間幸福コース

幸福の科学教学を基礎から応用、実践に至るまで本格的に学修するとともに、宗教や思想、哲学、心理学等を学んだリーダー人材の輩出を目指す。「人間が構成している社会が、どうすれば、『個人としての幸福』と『全体としての幸福』を増加させていくことができるか」をテーマに、現代および未来の諸問題を解決する「未来志向」の学問でもある。

● 国際コース

プロフェッショナルの国際教養人を育てる「Global Elite Program」(「プレゼン・ディベート特訓」「プロフェッショナル英語スキル」等)や「国際教養科目群」を通し、時事問題や高度なテーマについて英語で自由自在に議論ができる、「世界で活躍するリーダー」の輩出を目指す。2年次より設けられるコースで、原則として、TOEIC600点以上を取得していることが進級の条件となる。

ネイティブ教員の出身国は、アメリカ、イギリス、カナダ、南アフリカなど幅広い。

「未来に必要な倫理《りんり》基準等を問う」という人間幸福学部の使命

「人間幸福学部」では、幸福の科学の教義にまで入って、これを学問的なかたちで学ぼうとしています。

『黄金の法』（幸福の科学出版刊）等で、「歴史上、光の天使は数多く出てきた」と述べていますが、全世界がこれから求める真理の基準、「真・善・美」について、私たちは、今、もう一度、新しい基準を打ち立てようとしています。

ソクラテスや孔子《こうし》、釈迦《しゃか》、イエスの時代を、「枢軸《すうじく》の時代」とヤスパース（ドイツの哲学者《てつがくしゃ》）は呼びましたが、「二千五百年前の前後に、重要な人物がたくさん出てきて、世界の人類の道徳や倫理《りんり》の規範《きはん》ができた」と言われています。

二千五百年たった今、これから未来が文明として開けていくときに、必要な倫理基準、あるいは考え方、イデアは何か。

「真・善・美」は、二十一世紀において、どうあるべきか。それは三十世紀にも四十世紀にも通用するものであるかどうか。

これを問うのが人間幸福学部の使命です。

そして、この考え方は人間幸福学部だけの独立したものではなく、経営成功学部や未来産業学部にも共有していただく部分でもあります。

そうした「真・善・美」の探究が必要です。

HSUで「美の探究」をテーマに説法

2015年10月19日、「新時代に向けての『美』の探究――『幸福の科学大学創立者の精神を学ぶII（概論）』第1章講義――」と題し、記念すべき2400回目の説法をHSUで行った。質疑応答では、「数学と美の関係について」「美の発展段階について」など、HSU生らしいユニークな質問も飛び出した。

もう一回、「価値観の逆転」を行い、宗教を学問の上に

未来産業学部には理科系の優秀《ゆうしゅう》な方も来ていますが、他の大学に行った場合、どうであるかというと、それは「唯物論《ゆいぶつろん》の海のなかで泳いでいるようなもの」です。そこは唯物論の塊《かたまり》であり、周りは唯物論者だらけです。

理系では物を扱《あつか》うことが多いため、唯物論的になるのは分かりますが、「その奥《おく》にあるもの」が見えていないのであれば、これは恥《は》ずかしいことです。

医学部に行ってもそうです。医学部では解剖《かいぼう》もするわけですが、医学部の教授や解剖に参加した人たちは、いちおう、かたち上は、いろいろな宗派のお通夜《つや》や葬式《そうしき》に出たりしていますし、各宗派の作法にまで精通してもいますが、大半はあの世を信じておらず、魂《たましい》も信じていないのです。

そのため、骸骨《がいこつ》をたくさん周りに並べながら平気で研究し、「アハハハ」と笑っている人が数多くいます。そして、「人間だって、本当は物だ」と思っている

わけです。

このように、いちおう、この世的には、かたちだけのことをやっているのですが、こういう人たちは、「真理を本当に知っているのかどうか」ということが問われるのです。

かつては宗教が「病気治し」もやっていましたけれども、今では医学が強くなり、「医学でしか病気は治らない」と思われています。しかし、どっこい、そうではないことが、今、当会で証明されつつあります。

また、科学が万能であるかのような言い方もよくされ、「科学的でない」と言われれば、もうそれで終わりであり、「真理ではない」という言い方をされますが、科学はあの世の世界や、「人間は魂である」ということさえ解明できないでいます。

そのような、「自分自身は何者であるか」ということさえ解明できない科学や哲学は、はっきり言って、学問としては〝入り口〟まで行っていないレベルです。

もう一回、「価値観の逆転」をしなくてはなりません。私は、それを目指しているのです。

昔は、哲学が「諸学の祖」であり、その哲学の上に「神学」がありました。要するに、神の教えを学問として教える神学が哲学の上にあったわけです。

宗教が「いちばん上」にあり、それから哲学ができ、そこから諸学が分かれてきたのです。

ところが、今では、科学や医学といったものが「全部を判定する基準」のようになってきつつあり、これについては欧米《おうべい》でも、本当は水面下で激しい争いが行われています。

最近、ホーキング博士《はかせ》（イギリスの理論物理学者）の伝記に基《もと》づくような映画も出ています（「博士と彼女のセオリー」二〇一五年日本公開）。

ホーキング博士は、難病（筋萎縮性側索硬化症《きんいしゅくせいそくさくこうかしょう》）のなかで研究しているので、「偉《えら》い」とは思いますし、偉人《いじん》の条件に近いようにも見えます。

しかし、彼には、残念ながら、神を否定し、あの世も信じていないところがあります。彼が二〇一〇年ぐらいに出した著書は、いろいろな教会などから批判され、非難囂々《ごうごう》でした。

それが世界の常識ではあるのです。「科学の部分」が侵食《しんしょく》してきていますが、最後のところには、どうしても侵入を許さない一線があり、これが常識なのです。ただ、日本人が海外に留学したとしても、キリスト教文化そのものを学ぶわけではなく、唯物論の部分だけを学んで帰ってくるので、それしか教えません。そのため、だいたい、そういう人間が増えてくるのです。

したがって、頭のよい人ほど真理から遠ざかっていく傾向《けいこう》があります。

それから、「善」の基準も、やはり、宗教なくしてはできません。

善悪の「善」の部分が分かるためには、宗教の部分がどうしても必要です。宗教から哲学が分かれ、さらに、法律学なども分かれてきたのです。

この「善」の部分が分からずに国会で法律をつくっても、間違《まちが》いだらけです。

これを正さなければいけません。

その意味で、私はオピニオンをいろいろと出しています。

二〇一六年には新たに未来創造学部を創設

HSUでは、さらに、来年（二〇一六年）、未来創造学部を創設し、政治やジャーナリズムの部門と、芸能やクリエーターの部門もつくる予定になっています（注。二〇一六年四月、予定どおり、未来創造学部「政治・ジャーナリズム専攻《せんこう》コース」「芸能・クリエーター部門専攻コース」が新設された）。

気が早く、早くも学部拡張の予定が入っているのですが、そのなかには「美」の部分も入ると考えています。

「この世のなかで、多くの人々を惹《ひ》きつけてやまない、感性的なるものは何であるか」ということの研究にも、入っていく必要があるのではないでしょうか。

もちろん、政治・ジャーナリズムには、「善」の部分もありますし、「真理」の

「未来創造学部」 ●政治・ジャーナリズム専攻コース ●芸能・クリエーター部門専攻コース

「幸福の探究と新文明の創造」の具体化として、政治学やジャーナリズム、芸能文化、芸術表現などを幅広く学び、人々を幸福にする政治・文化の新しいモデルを発信することを目指す。キャンパスは東京がメインとなり、2年制の短期特進課程も併設する（4年制の1年次は長生キャンパス）。

2017年開設予定のHSU未来創造・東京キャンパス。

● 政治・ジャーナリズム専攻コース

政治家や政治に関する職業、ジャーナリスト、ライター、キャスター等を目指す人のためのコース。社会を啓蒙する人材の輩出を目指し、政治学、ジャーナリズム研究、法律学、経済学等を学ぶ。

東京キャンパスでの授業。質問や議論が活発に交わされる。

● 芸能・クリエーター部門専攻コース

俳優、タレント、映画監督、脚本家などを目指す人のためのコース。演技やヴォーカル、ダンスなどの実習、映像制作、脚本執筆などの演習科目と、エンターテインメント分野の幅広い研究を通して、新時代の表現者を目指す。

演技指導等、実践的な授業を行う。

部分もあると思いますが、芸能やクリエーターの部門では、「美」の部分、あるいは感性的な部分の探究もあると思います。

5　宗教がつくる大学の使命

「人々の苦しみや悲しみを見て、それを解決すること」が宗教の使命

今、大学生で問題なのは次のようなことです。

一般《いっぱん》の日本人であれば、「心は胸の辺《へん》にあるものだ」と思っているのですが、頭のよい人たちは、知的な勉強をすればするほど、心の位置が上のほうへ上がっていき、頭に心があるように感じています。

ところが、宗教修行《しゅぎょう》をすると、「胸のあたりにある」と思っている心の部分が、少し下がってきて、臍下丹田《せいかたんでん》（へその下あたりの下腹部）というか、お腹《なか》のほうに下りてきます。逆の方向に動くのです。

鍛《きた》えれば頭脳は発達しますけれども、頭だけで考えるようになってくると、

「人の気持ちが分からない人間」がたくさんできてきます。自分の気持ちしか分からないというか、自分の利己的な判断で物事を考えるような人間が量産されているのが、今、日本の大学教育の根本的な問題なのです。

では、宗教とは何でしょうか。

数学者の岡潔《おかきよし》先生は、「宗教とは、結局、人の悲しみが分かり、自分も悲しいと感じる人間をつくるものなのではないか」「人の悲しみが分かり、自分も悲しいと感じること、これが愛であり、これが宗教なのではないか」というようなことを言っています。

私は、「ある意味では、それは当たっている」と思っています。

「悲しみが分かる」という言い方をしていますが、英語で言うと、「コンパッション（compassion）」です。これを「同情《どうじょう》」と訳したら十分ではないかもしれませんが、そういう人でなければ駄目《だめ》なのです。

頭のよい人が冷たい人間になって、「理性的である」ということが「利己的である」ということと同義になったら、この世の未来は暗いのです。

頭のよい人が、他の人の悲しみや苦しみを理解できて、それを解決しようと努力していく方向にこそ、どうしても未来を向けていかねばなりません。

それが「宗教の使命」であり、それが「宗教がつくる大学の使命」でなければならないのです。

「この世でのルール」や「この世での、紙の上だけの、いろいろな議論」は結構ですが、根本的には、「人々の苦しみや悲しみを見て、それを解決すること」が宗教の使命なのです。

「教えを人々に伝え、人々の魂《たましい》の救済をする」という活動も、当然、出てはきますが、人々がいろいろなことで生活に苦しんでいるならば、「人々を豊かにするには、どうしたらよいか」ということを考えなくてはなりません。

それについて、「産業の面」から考え、「経営の面」から考え、「経済の面」から考える人も必要です。また、「政治の面」から考える必要もありますし、「ジャーナリズムの面」から考える必要もあります。いろいろな面から考えていく必要があります。

幸福の科学は、そうした大きな意味での宗教なので、私たちはもう一回、原点に立ち戻《もど》らなくてはなりません。

いろいろな学問は、全部、宗教全体のなかに入っています。教育も宗教のなかの一部分です。「信教の自由」は「教育の自由」と一緒《いっしょ》のものなのです。これがＨＳＵの立場です。

私たちは教育をしようとしていますが、教育は宗教の本来の任務であり、宗教は人々を教えるところなのです。

大学で学ぶ「大人《おとな》の学問」は、どうあるべきか

「大学」という名前については、いろいろと議論があります。

今から二千五百年ぐらい前である中国の春秋戦国時代には、いろいろな思想家

が出て、孔子《こうし》の言行を中心とした『論語』など、『四書五経《ししょごきょう》』といわれる古典がつくられていますが、そのなかに『大学』というものがあります。それは孔子の弟子《でし》が編纂《へんさん》したものですが、この『大学』が、「大学」という言葉の起源です。

この「大学」という言葉は、何を意味しているのでしょうか。「建物」のことではありませんし、「人の集まり」という意味でも「教授陣《じん》」という意味でもありません。「大学」という言葉は、「大人《おとな》の学問」という意味です。これが「大学」なのです。

したがって、私たちは、今ここで、「大人の学問」をみなさんが学べるようにしたいと思います。

では、その「大人の学問」とは何でしょうか。

私たちが目指している大人とは、「年齢《ねんれい》的な大人」ということだけではないのは当然です。社会人として立ち、人々のリーダーになっていけるような人をつくること。人々が躊躇《ちゅうちょ》しているときに、リスクを張って戦いを挑《いど》んでいき、道を拓《ひら》

●**『四書五経』** 儒教《じゅきょう》で重視されている文献のなかでも特に重要とされる、「四書」(『論語』『大学』『中庸《ちゅうよう》』『孟子《もうし》』)と「五経」(『易経《えききょう》』『書経《しょきょう》』『詩経《しきょう》』『礼記《らいき》』『春秋《しゅんじゅう》』)の総称。

いていく人をつくること。これこそが、私たちが考える「大人の学問」です。それを開いていきたいと思うのです。

その意味において、私は、「HSUは、日本にも世界にもまだない大学であり、東京大学にもハーバード大学にも負けることは絶対にない」と思っています。見ていてください。

みなさんに子供ができ、彼らが認識するところに、「ハッピー・サイエンス・ユニバーシティを出ている」ということが、どのくらいの輝《かがや》きを持っているか、それを想像して、現実を近づけていってください。

「きっと、みなさんは、みなさんの子孫から誇《ほこ》りに思われる」と私は思います。

しかも、みなさんは第一期生です（会場拍手《はくしゅ》）。

「幸福の科学大学」の設置不認可は憲法違反《いはん》

HSUは、文科省からいろいろとクレームをつけられても開学した〝大学〟です。

幸福の科学大学について、文科省は、審議会《しんぎ》の答申に基《もと》づき、設置不認可の処分を通知してきましたが、審議会のほうでは過半数の委員は設置認可に賛成でした（前掲《ぜんけい》『大学設置審議会《しんぎ》インサイド・レポート』『スピリチュアル・エキスパートによる文部科学大臣の「大学設置審査」検証（上下）』参照）。

審議会では、「幸福の科学大学は、大学としての形式要件を全部、満たしている」ということだったのですが、某筋《ぼうすじ》から、「自分の悪口を書かれたのは許せない」という意見が出たわけです。

私は真理を伝えただけですが、そういう意見があったため、霊言《れいげん》のところを理由にして不認可を言ってきたわけです（注。答申では、霊言について、「科学的根拠《こんきょ》を持って一般化・普遍《ふへん》化されているとは言えず、学問の要件を満たしているとは認められない」などとされた）。

これは「信教の自由」違反《いはん》でしょう。それから、「学問の自由」にも違反しています。憲法も保障する「学問の自由」に関しては、中学・高校よりも大学のほうが上です。当たり前です。

大学では、どのような立場で研究してもよいのです。「魂はない」という立場で研究する人もいるかもしれませんが、「魂はある」という立場で研究することも当然あります。「学問の自由」に関しては大学のほうが上でなければならないのです。

「中学・高校では宗教を教えることができて、大学では宗教を教えることができない」という、そんなバカな話があってなるものですか。

したがって、何ら恥《は》じることはないので、堂々と胸を張り、今後、四年間の学生生活を送ってください。

教職員と学生が一体になって、新しい大学をつくっていこう

また、私たちは、みなさんが将来、心細《こころぼそ》く思うことがないよう、ますます教団

の基盤《きばん》を拡張し、さまざまな方面に人材を輩出《はいしゅつ》して事業をつくるとともに、教団を支えている方々の発展・繁栄《はんえい》をも成し遂《と》げていこうと思います。

どうか、勇気を持ち、未来に対して責任を持ってください。自分をつくり上げていく上で自制心を堅持《けんじ》しながら、この大学の特徴《とくちょう》であるチームワークを活《い》かし、全員で協力し合って、「新しいものがつくれないか」ということを考えていただきたいと思います。

先ほど挨拶《あいさつ》をなされたＨＳＵのチェアマンに対して、私は、「初年度や二年度には、いろいろと改善の余地はあるだろう。最初の四年ぐらいは、一生懸命《いっしょうけんめい》、そうしたクレームを聴《き》きなさい。改善を要する事項《じこう》は何百も何千もあるかもしれないけれども、一個一個、丁寧《ていねい》に対応していきなさい」と言っています。

教職員と学生が一体になって、新しい大学をつくっていこうと思います。

どうか、みなさんも力をお貸しください。私たちも全力で支えます。

HSU の構内に立つ
「地球ユートピア実現祈念碑」。

第2章

未知なるものへの挑戦

2016年4月5日
「ハッピー・サイエンス・ユニバーシティ」
入学式にて

1　HSU生に期待すること

HSUそのものが「未知なるものへの挑戦《ちょうせん》」である

今日は、ハッピー・サイエンス・ユニバーシティ（HSU）の第二期生を迎《むか》えての入学式ということで、とてもうれしく思っています。

見てのとおり、校舎が建っていますが、まだまだこれから大きくなっていく大学であることを感じ取られている人も多いと思います。まだ完成しているものではなく、これからますます進化していくユニバーシティであることは間違《まちが》いありません。

今日の演題である「未知なるものへの挑戦《ちょうせん》」という言葉は、HSUそのものでもあると思います。HSUは、すでにあるものを学ぶためだけにつくったものではありません。それならば、つくる必要はなかったのです。すでにあるものは、すでにある大学で教えているので、あえてつくる必要はありません。あえてつくった以上は、「その『未知なるものへの挑戦』という不安のなかに、みなさんを放《ほう》り込《こ》もうとしている」ということなのです。

すでにレールが敷《し》かれていて、先が見える道だけをまっすぐ走りたいと思っているような人には、残念ながら、いささか不向きな学校かと思われますけれども、「『未知なるものへの挑戦』、それは面白《おもしろ》いじゃないですか」と言うような人にとっては、どのようにも変わっていく学校なのです。つまり、「将来的に、どちらのほうがみなさんの魂《たましい》にとってプラスになるか」という選択《せんたく》です。

もちろん、現実には、そのことについて悩《なや》んだ人もいるでしょう。

ＨＳＵに入った人の大学受験レベルでの学力はさまざまです。全国トップレベルの人も入っていれば、幼稚園《ようちえん》、小学校あたりからのエスカレーター校で楽しく遊びながら、そのまま大学に入ったような人、まともに大学受験をすると、やや〝危ない〟人も入っているため、入試レベルで考えれば、これほど学内格差の大きな大学もめったになかろうと思います。確かに、この世的に見れば「玉石混《ぎょくせきこん》交《こう》」という見方もあるかもしれません。しかし、信仰《しんこう》の立場から見れば、「石《いし》」はありません。すべて「玉《ぎょく》」です。みなさんは「玉」の塊《かたまり》であり、ダイヤモンドの原石そのものです。

すなわち、「信仰」という一点でつながれて、いろいろなタイプの人が入っていると考えてよいと思います。

しかも、「日本には一つしかない高等宗教研究機関でもある」ということです。幸福の科学の教学をバックボーンにした大学教育を学べるところは、ここにしかありません。したがって、それが付加価値を生むかどうかが、これからの勝負かと思われます。

学生は互《たが》いに学び合い、磨《みが》き合う関係を

今回、ＨＳＵに入られた第二期生のみなさんのなかには、幸福の科学学園那須《なす》本校に中学校の第一期生として入り、中・高の六年間を過ごした人が数十人入っています。

当会の仏法真理塾《ぶっぽうしんりじゅく》「サクセスNo.1《ナンバーワン》」から来た方や、一部には一般《いっぱん》から受験された方もいるようですが、そうした方々が学園の第一期生を見ると、ちょっと驚《おどろ》くのではないかと思います。学力の高さは当然のことながら、信仰心に基《もと》づく教学力の面もそうとう高いので、ほかの学校ではまずありえないような、「信仰心における劣等感《れっとうかん》」などというものも生じていると聞いています。

例えば、一般から受験した人のなかには、いちおう信者ではあっても、私の本を一冊しか読んでいなくて受験したような人もいるとのことです。それで、ＨＳＵに入ってから、たちまち、「私がこんなところにいていいのだろうか」といっ

●**幸福の科学学園**　幸福の科学の教育理念のもとにつくられた中学校・高等学校（学校法人）。2010年に那須本校（全寮制）が、2013年に関西校が開校。

●**仏法真理塾「サクセスNo.1」**　宗教法人幸福の科学による信仰教育機関。信仰教育・徳育にウエイトを置きつつ、学力養成にも力を注いでいる。

た、普通《ふつう》の大学では味わわないような圧迫《あっぱく》感を感じる人もいるということです。

ただ、いろいろな人がいて、長所もあれば短所もあり、自信のあるところもないところもあって当然です。自分よりも長じるところのある人に学ぶことは学ぶとともに、自分もまた、他人《ひと》よりも何か進んでいるものを持っているところがあるでしょうから、そこを他の人に学んでもらい、お互《たが》いに磨《みが》き合う関係になれば、すべてがよくなっていくのではないかと考えています。

２　知識も実学も重視するＨＳＵの教育方針

「実践《じっせん》レベル」を想定してつくられたカリキュラム

本法話《ほうわ》は、今の二年生も聴《き》いているかと思いますが、現時点では、「勉強内容の一部分についてはまだ物足りない」という人もいるかもしれません。一部には天才型の人もいるので、そういうこともあるでしょう。ただ、そう言っていられるのは今のうちだけであり（笑）、あとになってくるとだんだん苦しくなって、首が絞《し》め上がってきます。

例えば、教学のレベルで言えば、三、四年生あたりで予定しているカリキュラムは、幸福の科学の職員として入って数年の若手職員たちが、実際に講師研修用で行うレベルのものを学ぶことになっています。つまり、内容的には、卒業の段階で、実際に使えるレベルまではできていなければいけないことが想定されているため、今は余裕《よゆう》でいる人も、これからあとは厳しくなっていくはずです。

現職の英語教員も苦戦するレベルの高度な英語教育

それから、本学では、英語教育[●]にもそうとう力を入れています。

まだ開学して一年しかたっておらず、授業も序の口ぐらいしか行《い》っていないので、レベルがどのくらいであるかについては、少々分かりかねるところがあるでしょうが、実はかなり高いレベルです。

今日(二〇一六年四月五日)の読売新聞第一面には、トップ記事として、全国の英語の学力レベルについての調査(文部科学省実施《じっし》の二〇一五年度「英語教育実施状況《じょうきょう》調査」)が出ていました。

中学三年生レベル、高校三年生レベル、あるいは、中学・高校の英語教員の学力はどの程度かということを調査した結果です。それを見るかぎり、全国の高校

●2年次以降の「上級英語科目」として、「宗教英語」「英書講読」「ビジネス英語」「黒帯英語」等、実践的な科目が用意されている。

HSU の英語教育

国際舞台で活躍できる人材を目指しているため、「使える英語」を重視。英語で意見を発信できるコミュニケーション能力やプレゼンスキル、ディベートスキルなどを磨く授業が充実している。

ネイティブの教員による参加型の授業。

● TOEIC《トーイック》への取り組み

年2回のTOEIC受験は全学必須《ひっす》で、卒業時までに730点以上取得を目指す。人間幸福学部の国際コース（第1章参照）の場合は900点以上を目標としている。志を立て、1日3時間英語学習をするなどして、1～2カ月で200～300点アップする学生もいる。

構内各所で、英語学習をする学生や英語でコミュニケーションをする学生の姿が。

「幸福の科学 大学シリーズ」より、語学学習や国際教養に関するものの一部。（左から）『「国際教養概論」講義』『プロフェッショナルとしての国際ビジネスマンの条件』『国際伝道を志す者たちへの外国語学習のヒント』『外国語学習限界突破法』『英語が開く「人生論」「仕事論」── 知的幸福実現論 ──』　（いずれも幸福の科学出版刊）

で現職で英語教師をしている人がHSUに入学した場合、英語においては半分程度の人しか卒業できないことを意味しています（注。同調査では、英検準一級以上〔またはTOEIC《トーイック》等で同等レベル〕の資格を持つ英語教員の割合は、高校五七・三パーセント、中学三〇・二パーセントと発表）。

ほかの科目については分かりません。もっと厳しいと思われますが、英語については、現職の高校教員は、一般《いっぱん》学部に入っても半分しか卒業できないことになります。さらに、国際コースを卒業するには、そうとうの精進《しょうじん》が必要とされるであろうと思います。

そういうものが、これからだんだん出てくる部分です。

「ゼロから付加価値を生み出す人材」をつくりたい

就職に関しては、心配性《しょう》の職員などがいろいろなところを調査したり、話したりしているようですが、それほど心配する必要はないと思います。

みなさんに課せられたものは何でしょうか。ＨＳＵにおいては、根本的には、「ゼロから何かをつくり出せ」ということを教えています。「ゼロから付加価値を生み出し、そこに、人間が発展・繁栄《はんえい》の道を築けるようなものをつくり出せ」というのが本学の基本理念でありますので、一人で立ったとしても何かを始めていけるような人材をつくりたいと考えています。

その次の段階は、数人から二、三十人ぐらいのレベルの会社にその人が入ったら、たちまちその会社が数百人、数千人のレベルまで大きくなっていき、新しい分野にまで手を広げて大きく育っていくような人材を養成しようと考えています。

したがって、「すでに創業百年以上たったような有名企業《きぎょう》に入れば、たぶん安《あん》泰《たい》だ。一生、給料がもらえて、家庭も持てて、減点主義で引っ掛《か》からずに、何とか定年までいられれば、そこそこ満足して人生を終えられる」というようなことを考えている人にとっては、やや不向きなところのある学校ではあります。

しかし、「よし、ゼロから新しいものを生み出してやろうか」「小さなものを巨《きょ》大《だい》なものに変えていってやろうか」というようなことを考えている人にとっては、非常に魅力《みりょく》的なユニバーシティであると考えています。

幸福の科学の教義を学ぶと「仕事のできる人間」が育つ

さらに、もう一つ特徴《とくちょう》を述べるならば、宗教をバックボーンにしてはいるものの、ほかの宗教ではまずありえない部分があります。その「ありえない部分」とは、宗教本体から発信しているもの、「教え」のなかに、実学的なものがそうとう入っているところです。

すなわち、「基本教義」といわれるもののなかに、この世で生きていく上において、実際に役立つ学問がそうとう入っているということです。そのようなものが教学のなかに入っているため、ほかにも宗教系の大学はありながらも、そうしたところでは学べないものがあるわけです。

例えば、キリスト教系の大学は数多くありますけれども、そこで、バックボーンとして宗教的精神について教わったとしても、普通《ふつう》は、それを学ぶことによって仕事がよくできるようになることはありません。

ところが、当会の場合には、そうした宗教的教養を学んでいく過程で、「仕事のできる人間」が育つようにもなっています。ここが非常に大きな違《ちが》いなのです。

信仰《しんこう》を持っているから、あるいは、宗教をしているから、この世的に仕事ができなくなり、〝使えない人間〟になっていくというようなカルチャーは持っていません。仕事もできるようになるし、その教えのなかには「帝《てい》王学《おうがく》」が身につくような部分もそうとう入っ

「仕事論」「経営論」に関する教えの一部

（左から）
『実戦起業法―「成功すべくして成功する起業」を目指して―』
『実戦マーケティング論入門―経営を成功に導くための市場戦略―』
『「経営成功学の原点」としての松下幸之助の発想』
『危機突破の社長学―一倉定《いちくらさだむ》の「厳しさの経営学」入門―』
『イノベーション経営の秘訣―ドラッカー経営学の急所―』
（いずれも「幸福の科学 大学シリーズ」／幸福の科学出版刊）

ています。

それは、文系だけでなく、理系においても同様に、帝王学が身につくようになっているのです。

今の日本の大学においては、ほとんどの文系では〝事務屋〟をつくる教育をしています。つまり、事務系の仕事です。基本的に、書類や表などを作成する仕事ができるような人間を大量につくる教育をしているわけです。

それから、理系のほうは、大きな会社等における歯車の一つとして働ける人間を、研究者か技術者として使えるように教育していることがほとんどです。

「帝王学」に関する教えの一部

（左から）
『青春マネジメント――若き日の帝王学入門――』
『「実践経営学」入門――「創業」の心得と「守成《しゅせい》」の帝王学――』
『現代の帝王学序説――人の上に立つ者はかくあるべし――』
『帝王学の築き方――危機の時代を生きるリーダーの心がけ――』
『北条政子の幸福論――嫉妬・愛・女性の帝王学――』
（いずれも「幸福の科学 大学シリーズ」／幸福の科学出版刊）

しかし、当会の場合は、もちろん、〝単なる事務屋〟や〝単なる技術者〟を養成してはいません。入り口としてはそういうものもあるかもしれませんが、その先にある「帝王学の部分」が必ず入っています。そのため、理系の人であっても、卒業したら、技術関係の会社を起こすなり勤めるなりしても、必ず社長や重役になれるようなエートス（持続的精神）が身につくようになっています。

また、文系の人も、多くの人を使えるようになるだけではありません。ただ税金を使って消化するだけの人使いではなく、付加価値を生み出し、国富《こくふ》を増やしながら、多くの人を使えるような学問を組み立てています。

本学を卒業した価値がどういうものかということは、あとに続く者の先輩《せんぱい》となる一期生、二期生のみなさんが、これからの十年、身をもって体験していくことになるでしょうが、私はある種の自信を持っています。

3 ＨＳＵが求める理想の人材とは

「抵抗《ていこう》があることを楽しみ、道がないことを喜ぶ」気持ちを

九十九里浜《くじゅうくりはま》の長生村《ちょうせいむら》にある、ピラミッドのあるこの学校が、日本の〝最高学府〟です。間違《まちが》いありません。これを証明することが、これからの十年で、みなさんがやるべきことです。

会社というのは、就職実績のない学校からはなかなか人を採らないものなので、一般企業《いっぱんきぎょう》に入る人は、就職にトライするとき、最初は苦労するとは思いますけれども、どこかに得意の〝武器〟をつくって入っていく人もいるでしょう。

そして、一般企業に入ったら、「ＨＳＵの卒業生は、ほかの大学の卒業生と、どの程度違うか」ということを、しっかりと見せてほしいのです。みなさんが

〝ドリル〟で穴を開けて入っていったら、「こんなに優秀《ゆうしゅう》なのか」ということが知られて、あとに続く者たちもどんどん入れるようになっていきます。

第一期生、第二期生あたりの人は、特に、〝ドリル〟で穴を開けていかなければいけないことも多いとは思いますが、怯《ひる》まないでください。むしろ、楽しんでください。抵抗《ていこう》があることを楽しんでください。道がないことを喜んでください。

ＨＳＵがあるこの土地も、もとは、ただの海岸のだだっ広い土地だったのです。また、ＨＳＵが出る前にはリゾート建設のプロジェクトがあったようですが、結局、潰《つぶ》れています。

例えば、老人ホームをつくろうとして、潰れたようです。老人が来ても何もすることがないようなところなので、やはり、運営は不可能ということで潰れたのです。

また、ここにショッピングモールをつくるという案ができたものの、「誰《だれ》が買いに来るのか」という話になって、これも潰れてしまったらしく、「この広大な土地をいったいどうするか」ということになっていたのです。

ＨＳＵから千葉《ちば》正心館《しょうしんかん》（ＨＳＵに隣接《りんせつ》する幸福の科学の精舎《しょうじゃ》）までつなげると十万坪《つぼ》はあり、みな、この広大な土地をどう使ったらよいのかが分からなくて、長年空《あ》いていたのですが、その使い方を教えたのが私でした。

最初の段階から、すでに、「宗教の修行《しゅぎょう》所、研修所をつくり、それをベースキャンプにして、さらに大学をつくる」というところまで視野には入っていたので、もう十年以上前からそうであったわけです。

まだ空《あ》いている空間はたくさんありますから、これを埋《う》めていくのが、これからのみなさんの仕事ではあ

HSU 建設前

HSU 建設後

るでしょう。

第二のビル・ゲイツ、第二のスティーブ・ジョブズ出現への期待

それから、将来、ＨＳＵを大きくしていく過程において、例えば、未来産業学部などは、やろうと思えばどこまでもニーズはあるので、国家予算を丸ごと欲《ほ》しいぐらいの気持ちがあるだろうとは思いますけれども、どうということはありません。〝ビル・ゲイツ〟を一人出せばよいのです。〝スティーブ・ジョブズ〟を一人出せばよいわけです。三十歳《さい》ぐらいで、すでに世界的な長者《ちょうじゃ》になっている人はいるので、未来産業学部からそういう天才が一人出てくれれば、あとは寄付を期待しています（笑）（会場笑）。

私は、教団予算だけでＨＳＵを大きくするつもりなどまったくありません。きっと、卒業生のみなさんが巨富《きょふ》を築いてくださるものだと信じているので、出世をしたら、その証《あかし》として、母校にボーンと寄付をしてください。

ハーバード大学と同じように、みなさんの碑《ひ》ぐらいは建てますから（会場笑）、ぜひとも、自分の名前を冠《かん》した研究所なり予算なりを寄付してください。そういう人を求めています。

そうした、特許を取ったり、ノーベル賞級の発明を出したりする人が出てくることを待っていますし、あるいは、経営成功学部から、〝日本のドル箱〟が出てくることを待っています。

「理想」は「現実」を屈服《くっぷく》させるためにこそある

「現実は厳しくて、そんなものではない」という声もあるでしょうけれども、それに屈《くっ》してはなりません。現実に屈するなら理想などはないほうがよいのであって、理想は現実を屈服《くっぷく》させるためにこそあるのです。みなさんは、その理想をもって、現実の壁《かべ》、岩盤《がんばん》のような厳しい抵抗を打ち砕《くだ》いていかねばならないわけです。

ご存じのように、幸福の科学大学は、二年ほど前に、文部科学省に大学設置の認可申請《しんせい》をしました。その際、大学の内容を開示して見せたわけですが、正直に言って、あまりにも〝かけ離《はな》れて〟いたわけです。「かけ離れて」というのは、『日本の大学が要求しているレベル、日本の大学が行《おこな》っていること』と内容がかけ離れている」ということです。そのために、文部科学省が〝理解できなかった〟というのが本当のところです。

それから、大学設置審議《しんぎ》会というものがあり、当時は、十校ほどの大学の関係者やジャーナリストなど、いろいろな人たちで構成されていました。こうしたところが審議をしたわけですが、要するに、「幸福の科学大学」を理解できないわけです。「これはいったい何という大学だ」ということで理解不能なのです。

また、大学設置審議会にはいろいろな大学の学長などもいたのですが、私から見れば、「この程度の業績でよく出てくるな」と思うような人ばかりが審議していました。

座長をしていた人も、ある学校の学園長兼《けん》理事長のような人だったのですけれども、本は一冊も書いていません（編著が一冊のみ）。六十歳を超《こ》えても著書は一冊も出しておらず、なぜか韓国《かんこく》の大学から「名誉博士《めいよはかせ》」のようなものをたくさんもらっているという、極《きわ》めて〝怪《あや》しい〟タイプの人で、「よく潜《もぐ》り込《こ》んだな」と思うほどです。

そのように、どこかに雇《やと》われているのではないかと思うような人が座長をしていたので、むしろ、そういう人から見て、「こんな大学があってたまるか」と思うことが、まともな大学だという意味だと、私は思っています。

だいたい、当会がつくっている学問体系を理解できるような頭があろうはずはありません。そういうことは、ずっとあとから分かることなのです。

みなさんは、しばし、ジェットコースターに乗ったような気分を味わわれる時期があろうかと思いますが、年がたつほどに、それははっきりとしてくると思います。

吉田松陰《よしだしょういん》の教えの下《もと》、数多くの人材を輩出《はいしゅつ》した松下村塾《しょうかそんじゅく》

ＨＳＵは、当会のパンフレットにも書いてあるように、「現代の松下村塾《しょうかそんじゅく》」と名乗っている場合もあります。ただし、松下村塾にしては、やや大きいかもしれません。

当時の長州藩《ちょうしゅうはん》には、藩校としては名門の明倫館《めいりんかん》というところがあり、優秀な人はそこに行っていました。一方、吉田松陰《よしだしょういん》の叔父《おじ》が開いて松陰が後を継《つ》いだ松下村塾は、〝国禁《こっきん》を犯《おか》した人〟が教えていたようなところです。

ただ、「松陰が国禁を犯した」といっても、ペリーの船に乗り込もうとしたぐらいです。それで死刑《しけい》になるというのは、世の中自体がおかしいのです。「金もなく、単身で海外に乗り込んでいこうとする」などというのは、今で言えばほめられるべきことではありますが、そのように、時代を超えた人の場合は理解されないことが多いので、「国禁を犯した」などということになるわけです。

あるいは、吉田松陰は、「幕府は腰抜《こしぬ》けで、アジアの諸国がどんどんヨーロッパに侵略《しんりゃく》されているのに、まともに国防をする気もない」ということで、全国各地を踏破《とうは》し、海岸線まで見て、「外国が日本を攻《せ》める際の上陸地点は百カ所以上ある。護《まも》りを固めるにはどうするか」というようなことを考えていた人です。

こういうことを、旧態依然《きゅうたいいぜん》たる考えを持った幕府や藩の役人たちは理解ができなかったため、「とにかく政治犯として牢屋《ろうや》につないでおけばよい」というようなかたちで牢屋に入れられてしまうわけですが、出獄《しゅつごく》した後《のち》、自宅で教えていたようなものが松下村塾です。この期間は二年半ぐらいと言われていますが、かかわった人は、おそらく、二、三百人ぐらいはいるでしょう。

この、〝国禁を犯して罪人《ざいにん》になった人〟が教えていた松下村塾から出た人材というのは、数多くいます。もちろん、明治維新《いしん》を起こす途中《とちゅう》で命を落とした人もいますし、優秀な人ほどそうではあったのですが、その後の残りの人材から、総理大臣二名、国務大臣七名、大学創立者二名が出ているのです。亡《な》くなった方々

●松下村塾門下からは、伊藤博文《いとうひろぶみ》（初代内閣総理大臣 他）、山県有朋《やまがたありとも》（内閣総理大臣 他）、品川弥二郎《しながわやじろう》（内務大臣／獨協学園創立者）、山田顕義《あきよし》（初代司法大臣 他／日本大学、國學院《こくがくいん》大學創立者）、野村靖《やすし》（内務大臣 他）、前原一誠《まえばらいっせい》（参議）らが出た。木戸孝允《きどたかよし》（内務卿 他）も吉田松陰に学んだことがある。

は、さらに優秀であったのだろうと思うので、残念でなりません。

一方、当時は名門で、秀才が集まっていたであろう明倫館に行った人たちが、その後どうなったかということは、全然聞きません。明治政府になり、長州藩が山口《やまぐち》県となったときに、県庁の役人や、教員ぐらいにはなれたと思いますが、おそらく、国をつくるほうの力になった人の数は少ないでしょう。

HSUはいずれ「人材の宝庫」となる

このように、先を見通して大きな志《こころざし》の下《もと》にやっていく者は、同時代ではしばらくの間、理解されないこともあります。それは覚悟《かくご》してください。

しかしながら、人間はそれほどバカではありません。ですから、同時代に、同じときに、同じように理解はしてくれなくても、何年か、あるいは十年、二十年の流れのなかで、全員が見間違っていくことはないのです。

最初は、みなさんを一見《いっけん》しただけで、あるいはちょっとしたことで、否定したり、受け入れなかったりするような人もいるかもしれませんけれども、長い目で見れば、誰かが見ているものです。

みなさんの勉強や行動、活動する姿、あるいは、アルバイトをしたり、家庭教師をしたり、塾で講師をしたり、村や町の手伝いをしたり、駅のホームを歩いたりしている姿など、いろいろな姿を見かけている人がいると思うのですが、そのなかに、みなさんの実態や、どういう人たちであるのかということを、ちゃんと見ている人は必ずいるのです。絶対にいるのです。

そして、それは、だんだんだんだんに増えていって、知らず知らずのうちに、コンセンサス（同意）といいますか、多くの人の世論《せろん》に変わっていきます。いつの間にか、「ＨＳＵは、すごい人材の宝庫であり、この国のために、世界のために、人材をたくさん輩出《はいしゅつ》する学校なのだ」ということが、多くの人に知られていくようになるでしょう。

私たちの最大の付加価値は、みなさんをＨＳＵの卒業生として、世の中に出していくことです。そして、新しい真理価値に基《もと》づく国家をつくり、世界をつくっていくということが大事なのです。

開学一年、地元の方々の声

『現代の松下村塾 HSUの挑戦 ── 開学１年 成果レポート』（HSU出版会編／HSU出版会刊）

HSU創立の理念や講師・学生の声を紹介する『現代の松下村塾 HSUの挑戦 ── 開学１年 成果レポート』には、HSU生の生活回り等をご支援くださっている、地元の長生村《ちょうせいむら》、茂原《もばら》市の「HSU業者協力会」の方々のインタビューも掲載されており、「感心したのが、この間、5、6人の学生さんが、近くでゴミ拾いをしていたんですよ。あれ、自主的にやっているんでしょうね。近所の人たちも、だんだん馴染《なじ》んできて、学園祭に来ている人もいました」「最初にカフェテリアに来たとき、学生さんたちが皆、志を持って学んでいる雰囲気を感じました」といった声が紹介されている。

4　世界を視野に入れた未来型教育

唯物論《ゆいぶつろん》的価値観が強い現代教育の問題点

大学教育も、一般《いっぱん》には尊敬されていることではありますが、少なくとも、今の日本の大学教育は、残念ながら、「半分は間違《まちが》っている」と言わざるをえません。

確かに、中世から離《はな》れるために、あるいは、キリスト教会の支配から逃《のが》れるために、日本で言えば、強い仏教寺院の支配から逃れるために、教会と戦ったり、お寺と戦ったりして政治が独立し、さらに学問が分かれていきました。

もちろん、当時の教会から見たら、「地球は自転している」とか、「太陽の周りを公転している」とかいうことは認められなかったのでしょう。そのため、「教会は間違っている。地球は自転しているし、太陽の周りを公転しているということが真実だ」と言った自然科学者が弾圧《だんあつ》された時代もあるので、それから逃れるための啓蒙《けいもう》時代には、「旧《ふる》い宗教から離脱《りだつ》することが近代の始まりだ」という考えもあります。

それが二百年、三百年と続いた結果、今度は、真理が学問の世界から、ある意味で否定されてきているのです。

霊界《れいかい》の存在、あるいは人間に魂《たましい》が宿っているということ。さらには、神仏《かみほとけ》といわれる存在があるということ。このような、いわゆる中世までは誰《だれ》もが当たり前のように信じていたことが「迷信《めいしん》だ」と思われています。そして、こうしたものを全部取り払《はら》って、唯物論《ゆいぶつろん》的に、人間を「機械や物の一部」として考え、いろいろと扱《あつか》うことによって学問ができると思う人がたくさん出てきているわけです。

そのため、有名大学になればなるほど唯物論者が増えてきますし、その卒業生として、「事なかれ」という言葉で表されるように、「何もしないで、失敗しないことで生き延びて偉《えら》くなれる」というタイプの人がかなり育っています。

これでは、世の中はどうにもなりません。間違った価値観の下《もと》に教育をされ、新しい価値を生み出すということに値打ちを感じない人たちが、さまざまな大学からたくさん育っています。現実に、偏差値《へんさち》の高い学校ほど、そうなっているのです。

みなさんの先輩《せんぱい》に当たる方で、そういう一流大学に行った人のなかには、〝消えて〟しまった人、〝埋没《まいぼつ》して〟しまった人、信仰《しんこう》のほうが完全にねじ曲がった人もいます。

大げさに言えば、一般の大学などに行き、信仰告白をして戦うと、「千対一」、あるいは、「五百対一」ぐらいの感じであって、「五百人がかりで説き伏《ふ》せられる」「千人がかりで押《お》さえ込《こ》まれる」というような状態が、現実に起きている場合もあるのです。

それに敗れて、そちらのほうに流されていっている人もいます。非常に残念なことではありますが、「若干《じゃっかん》、戦力見積もりを見誤った」と言えるでしょう。

そういう意味で、ＨＳＵ生のなかには、学力的に非常に優秀《ゆうしゅう》で余力のある方もいるとは思いますけれども、少なくとも在学中の四年間、もしくは、短期コースであれば二年間、「同じ信仰を持つ仲間と勉強したり、社会体験を積んだりできる機会がある」ということは、その間、みなさんは「護《まも》られている」ということです。

その護られているなかにおいて、人間としての、さらなる実戦戦力になるための教育を受け、訓練を受けることができるというのは、ありがたいことであると思います。

「秀才は天才に、天才は偉人《いじん》に変える」ＨＳＵの教育

今の日本の大学教育は、天才を潰《つぶ》す教育です。したがって、私のほうは、「これを断固として乗り越《こ》えていきたい」と思っています。

先ほど述べたように、ＨＳＵ生の学力はさまざまですが、平均以下の人は、も

ちろん「平均以上の人間」にするつもりでいますし、平均の人は「秀才」にします。秀才は「天才」に変え、天才は「偉人《いじん》」に変えます。これがＨＳＵの基本的な考え方です。

ただ、現実には、個別指導まで必ずしも届かない場合もあるので、それは各人の「志《こころざし》」と「自助努力」で補っていってほしいと思いますが、すでに、その方向はいろいろなかたちで示されているでしょう。

私も、大学テキスト（「幸福の科学　大学シリーズ」）を九十冊出して（二〇一六年四月末時点）、「ＨＳＵでは、だいたい、このような感じで教えます」ということを公表していますし、ＨＳＵの先生たちも、教える内容について次々とテキストを公表しています。

今、こういうことができる大学はありません。そんなことを公表したら、入学する必要がなくなるので公表しないのです。それを隠《かく》さないと、職業が成り立たないのでしょう。

公開されているHSUのテキスト群の一部

●「幸福の科学 大学シリーズ」(大川隆法 著)より

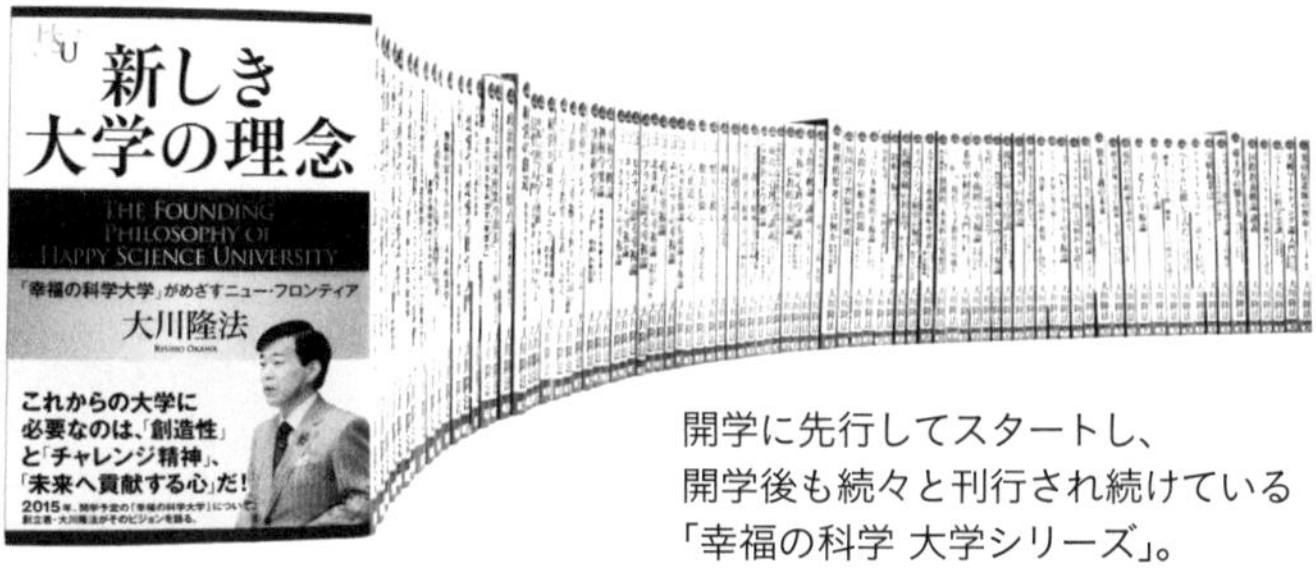

開学に先行してスタートし、
開学後も続々と刊行され続けている
「幸福の科学 大学シリーズ」。

●「幸福の科学 大学シリーズ」(大川真輝 著)より

『大川真輝の「幸福の科学
大学シリーズ」の学び方』
(幸福の科学出版刊)

『大川隆法の"大東亜戦争"論[上・中・下]』
(HSU出版会刊)

●「HSUテキスト」シリーズほか

「HSUテキスト」シリーズは、2016年5月1日現在、14巻まで刊行(HSU出版会刊)。

(左から)『新しき大学とミッション経営』(九《く》鬼《き》一《はじめ》 著/幸福の科学出版刊)、『比較幸福学の基本論点——偉人たちの「幸福論」を学ぶ——』(黒川白雲《くろかわはくうん》 著/幸福の科学出版刊)、『ハリウッドから学ぶ 世界No.1の遺伝子』(中田昭利《なかたあきとし》 著/HSU出版会刊)など、講師陣の著作も多数刊行している。

しかし、私たちは、それを隠さずに公表しています。

それが意味することは、「それ以外にも、まだまだ教えることがある」ということなのです。教えることがたくさんあるので心配はしておらず、とりあえず現在分かるかたちでの公表までしています。

ここまで内容を開示して、開学していることを知ってください。

これは言わば、「ローカル線で、一駅ずつ停《と》まる列車が走っている時代に、いきなり新幹線を持ってきて、そのレールの上へ載《の》せる」というようなことでしょう。そして、「こんなの困るんですけど」と周りが抗議《こうぎ》している状態に近いと思ってください。

その場合は、もう少し広く、強いレールにするなど、いろいろな〝改造工事〟が必要かとは思いますが、未来は、やはりそちらのほうにあるのです。

要するに、私たちには未来が見えているので、その方向で教育をしていきたいと思います。

ウォールストリートで通用する英語力を射程に入れている

ＨＳＵでは、特に英語に力を入れていますが、これは、みなさんが生き残っていくため、戦って勝っていくための武器として非常に役に立つだろうと思うからです。

もちろん、レベルは少し高いため、「すべての人がマスターするのは無理かもしれない」とは思っています。しかし、ここまで、つまり、ＨＳＵで提示している内容までマスターしたら、例えば、ビジネスマンとしては、ニューヨークのウォールストリートで十分戦って勝てるレベルまで行くし、国際伝道師としても、外国人に伝道ができるところまで行くのです。そういうレベルを示しているので、そこに今すぐ到達《とうたつ》しないのは当たり前のことであり、別に驚《おどろ》きもしません。

ちなみに、ＨＳＵのカフェテリアでも、一年間、ＣＮＮが流されていたはずで、今年、二年生になった先輩がたがそれを一年間聞いていたのですが、全然分からないために、今は日本語の番組に替《か》わっているとのことです。

そのため、「やはり厳しいかな」と思うことはあります。

英検一級のレベルでも、CNNは半分ぐらいしか聞き取れないので、CNNをかけたら、「何かガチャガチャと音楽がかかっているようにしか聞こえない」というのは当たり前のレベルなのですが、学力が上がってくると、だんだん分かるようになるのです。

実際、日本で言う英検一級のレベルでも、まだ、「CNNが半分ぐらい、映画でもせいぜい五割から六割分かればよい」というレベルしか行っていません。まだネイティブのレベルまで行っていないわけです。

なお、今、発刊されている「黒帯英語シリーズ」は「五段⑤」ぐらいまでかと思うのですが、私は今、「六段④」ぐらいまで書き進んでいます（講演時点）。

これは、アメリカ人の大学生が落ちこぼれるレベルであり、おそらく、ネイティブでもそうとう七転八倒《しちてんばっとう》するレベルでしょう。

例えば、英検一級レベルの方に、『黒帯英語初段』（宗教法人幸福の科学刊）の試験を受けさせてみると、だいたい三割ぐらいしか取れません。さらに、アメリカの大学を卒業したネイティブの方が、必死に勉強して六、七割ぐらい取れるというレベルだと思います。

また、「黒帯英語シリーズ」の四段、五段ぐらいまでの内容は、「ほとんどの英語の資格試験に通る」というレベルまで行っているでしょう。

それからあとは、いわゆる伝道師として使える部分を、そうとう増やしていっています。英語そのものが難しくなるわけではありませんが、教養や専門知識が増えていくようにはなっているのです。

アメリカの大学より厳しいHSUの教育レベル

このなかには、留学する人も多くいるでしょうし、先輩がたのなかには、すでに留学を決めている人もかなりいますが、おそらく外国へ行き、英語を教わる際、英語のレベルがあまりにも低くてショックを受けるだろうと思います。

私の三男（大川裕太《ゆうた》）も、大学一年生のときに、〝夏期講習〟でカリフォルニア大学に行ったことがあるのですが、彼は外国人でいちばん上のクラスに入りました。

私がつくっているテキストには、『英検1級攻略《こうりゃく》のための最終兵器――英単熟語集――』（宗教法人幸福の科学刊）という英単熟語集がありますが、彼は、「一カ月、最上クラスで勉強して、ここに載《の》っている単語が一個も出てこなかった」と言っていたので、それよりもっと下の内容を教えているわけです。

三男は、「このレベルでは、とてもではないけれども退屈《たいくつ》でいられない」と言い、その後、幸福の科学のニューヨーク支部精舎《しょうじゃ》でセミナーをして、予定よりも早く帰ってきました（注。大川裕太は二〇一四年九月二十一日、ニューヨーク支部精舎にて、講話〝Go Beyond the Limit《ゴー ビヨンド ザ リミット》〟〔限界を超《こ》えて〕を行った）。

ＨＳＵの要求しているレベルは、そのくらい高いのです。それは、実際に仕事で使えるレベルだからです。

さらに言えば、今、オバマ大統領も演説がうまいというので評判ですが、アメリカの大統領でもスピーチライターが書いた原稿《げんこう》を読んでいます。

あるいは、キング牧師《ぼくし》（アメリカ公民権運動の指導者）も、名演説で有名ですが、ほとんど、原稿を書いて読んでいるのです。

いちばん書かなかったものは、大行進をしたあとの演説（「I Have a Dream《アイハブアドリーム》」）でしょう。それは、二十分ぐらいしか準備できなかった部分が一部あったと言われていますが、普通《ふつう》は、十五時間ぐらいかかって原稿を書いて、スピーチをしていたと言われています。

ところが、ＨＳＵの教育は、「何もなしでやらせて、プロフェッショナルのレベルまで行っていなければ駄目《だめ》だ」ということなので、アメリカ人よりもずっと厳しいのです。そういう意味で、「自然体で行けば、ついていけなくなることが多い」ということは知っておいてください。

やはり、英語で一つ武器を持ち、それ以外の学問領域の何かについて、プロフェッショナルのレベルまで行くこと。〝二刀流〟で、この二つを持っていれば、将来の職業設計については、必ず道は拓《ひら》けると考えています。

英語がよくできる人は、第二外国語の勉強を

ただ、英語ができすぎて〝天狗《てんぐ》〟になっている人は、二年生以降に、第二外国語も始まると思いますので、そちらのほうの勉強にも力を入れてみてください。

一般に、日本の大学では、第二外国語はそれほど上まで行きません。第二外国語のレベルは、英検で言うと、だいたい五級から三級ぐらいまでの間にしか行かないでしょう。語学を専門にしている人を別にすれば、だいたい英検三級以上のレベルまでは行かないので、普通は使えないレベルです。ちょっとした会話ができるとか、辞書を引きながら少し読めるぐらいのレベルまでしか行きません。

もっとも、HSUでも、時間的にはそれほど上まで行かないとは思っています

● HSUでは2年次以降、「第二外国語」として、「中国語」「スペイン語」「フランス語」「ロシア語」「ドイツ語」を選択・履修《りしゅう》できる(2016年度時点)。

が、これは将来、そういう特殊《とくしゅ》言語を使わないとできない仕事に就《つ》く場合の、基礎《きそ》レベルまでやっておくということです。これは、大学時代に心掛《こころが》けておいてほしいと思います。

ただ、二つの言語を自由自在に使えるところまで行くのは、非常に時間がかかりますので、そう簡単なことではありません。今、「世界語」と言えるのは英語ぐらいしかないので、まずは英語で仕事ができるレベルまで、やってのけることが大事です。

先日も話をしましたが（『世界を導く日本の正義』〔幸福の科学出版刊〕第２章参照）、東大の合格者三千人のうち、一割に当たる、語学がよくできる三百人ぐらいに特別な教育をかけて、そのうちの百人ぐらいを本当に英語が使える人間にしようというようなプログラムが、今、始まっています。

ところが、東大三千人のなかの百人ぐらいが使える英語の目標レベルが、実はＨＳＵの全学部生に与《あた》えられている課題と同じレベルなので、先は長いわけです。

そこまで到達できなくても、いちおう、そのレベルは知っておいてほしいと思います。

もちろん、（世界には）英語が通じないところもありますし、アフリカの一部や中南米のように、スペイン語が要《い》るところもあるし、中国語やロシア語、ほかの言語が要るところもあるわけです。したがって、英語で〝天狗〟になりすぎている人は、力が余っていれば、ほかの語学も勉強するとよいでしょう。

ちなみに、TOEIC《トーイック》は、みなさんもこれからたくさん受けると思いますが、九百九十点満点でしか測定されません。

一方、「黒帯英語シリーズ」は、TOEICで言うと、〝三千点換算《かんさん》〟ぐらいまで測定できる学力になっていますので、日本の教育では未知の領域まで入っていると考えてよいと思います。

5　未来を拓《ひら》くＨＳＵの使命

「起業家精神」や「チャレンジ精神」のある人材を育てたい

その他、日本では「経営成功学」や「未来産業学」も学問としてあるわけではありませんし、今年（二〇一六年）からは、「未来創造学部」（「政治・ジャーナリズム専攻《せんこう》コース」「芸能・クリエーター部門専攻コース」）もつくりました。

すでに、「政治・ジャーナリズム」という分野はあることはありますが、ＨＳＵの政治やジャーナリズムは、「日本として、この国のかたちをどうしていくか」ということを考えていくところです。

もちろん、既存《きそん》のものについても勉強はしますが、当会は政党部門やジャーナリズム部門を持っているので、それらが、これからやっていかなければならないところを強化し、未来をつくり、この国のかたちをつくっていく人材を養成していきたいと思っています。

同時に、「未来創造学部」のなかには、「芸能・クリエーター部門専攻コース」も入れました。

これは、やや異色《いしょく》の組み合わせではあるのですが、政治やジャーナリズム以外にも、もう一つ、国に大きな影響《えいきょう》を与《あた》えるものとして、芸能部門があるのです。

例えば、映画やドラマ、いろいろなテレビ番組に出たりするような人、あるいは、映画製作者、ドラマ製作者、美術・デザイン関係で活躍《かつやく》している人、音楽等で活躍している人など、さまざまにいると思うのですが、「影響力が大きい」という意味では同じでしょう。

そういう影響力を駆使《くし》して、この国に大きな揺《ゆ》さぶりを与えようとしているのが、「未来創造学部」の基本的な理念なのです。

つまり、すでにある学問は全部、反故《ほご》にして、これから新しいものをクリエイトしていくわけで、その意味において、みなさんは、「ただ受け身で、あるものを教わり、それに答えるだけで百点が取れて、卒業できる」という感じであってはいけません。共に頑張《がんば》ってやっていかないとできないのです。

確かに、幸福の科学学園の中・高をつくってきた人たちは、そのなかで育っただけでも、すでに起業家精神を持っているでしょう。ただ、もう一つ、ここで「大学」というものをつくり上げていくことによって、なかにいるだけで起業家精神そのものができてくると思います。

ＨＳＵにいて、「ＨＳＵとは何ぞや。それは何ができるか。われわれに何ができるか」という問いに答え、「自分たちはこういうことができるのだ」ということを、日本や世界に発信していってください。大学を一つの成功事例としてつくることが、卒業したあとのみなさんの、次の成功事例をつくることにも、必ずつながっていくでしょう。

そうしたチャレンジ精神のある人、つまり、積極的で、勇気があり、行動力があって、やってのける人材を求めています。そのときにかかるいろいろな圧力、重圧を跳《は》ね返すだけの精神的な基礎《きそ》は、教学でしっかりとできるはずです。

「伝道力」こそ、プロの宗教家の証明

また、内部的には、HSUに来て優秀《ゆうしゅう》な人があまりにも多いので、「幸福の科学の職員になろうと思って入ったけれども、これではとてもじゃないけど、職員になれそうにないな」と早々《はやばや》と感じている人も、おそらくいるでしょう。

客観的にはそのとおりです。優秀な人が多すぎて、このなかから職員になるのは、それほど簡単なことではありません。

ただ、もう一つの道を提示しておきます。「学校の成績だけで、成績が上の人から職員に採用されたのでは、とてもたまらない」という人はいると思うのですが、もう一つの道はあるのです。

これは学生時代から始めてもよいのですが、しっかりとした伝道をしてくださ

い。信者づくりをしてほしいのです。個別に名前があって、相手が誰《だれ》であるかを特定できるような本当の伝道、つまり、「署名運動で名前を書いてもらった」というレベルではなくて、「信者をしっかりとつくる」という伝道をしてください。

学生時代にはそれほどできないかもしれませんが、卒業して、どこかに就職しながら、あるいは、アルバイトをしながらでも伝道を続けていき、自分の伝道記録がバシッと百人を超《こ》えたならば、どうかその記録を持って、幸福の科学総合本部にやってきてほしいと思います。「私はこれだけ伝道しました。採用してもらいたい」と言ってきてください。

これが嘘《うそ》でなければ採用します。百人伝道できる人はプロです。プロフェッショナルとしての力が明らかにあります。

成績がよくなかった場合には、そうした「伝道力」というものが、プロの証明としてありますので、伝道をしてください。百人以上、伝道できるならばプロです。

だいたい、日本のお寺というものは、檀家《だんか》が百軒《けん》あれば成り立つようになっています。そういう意味で、百人伝道できるようであれば、プロになる資格は十分にあるので、職員への採用を考えます。

伝道能力のある人であれば、職員としてまだまだ入れられるのです。海外にも国内にも支部は増やしたいし、もっともっといろいろな関連事業も増やしていきたいからです。

やはり、勉強ができるといっても、答案が書けるだけで、人と対面すると何もできない人は大勢いるので、それだけで職員に採ってはいけないでしょう。そういうところもありますので、一つ、それも心掛《こころが》けておいてください。

いずれにしても、どのようなかたちでもよいから、ブレイクスルー、つまり、困難の壁《かべ》をぶち抜《ぬ》いて、未来を拓《ひら》くことです。それが、みなさんの使命であるということを心に刻んでください。

冒頭《ぼうとう》にも述べましたが、九十九里浜《くじゅうくりはま》のそばにある長生村《ちょうせいむら》の、ピラミッドがある

この校舎が、日本の〝最高学府〟です。みなさんは、この言葉を真実ならしめる
ために、今後、努力してください。

HSUのシンボル的存在である、
ピラミッド型礼拝堂。

第3章

質疑応答

Q1～3　2015年4月4日
Q4、5　2016年4月5日
「ハッピー・サイエンス・ユニバーシティ」
入学式にて

1 「ＨＳＵでの学生生活」の心構えについて

Q1

私の父は幸福の科学の信者ではなかったのですが、理解を得られたので、私はＨＳＵに入ることができました。しかし、私の友人には、お父さんが許してくれなかった人もいます。そういう友人たちに対して自分が何もできなかったことを、とても悔《くや》しく感じています。

ＨＳＵで学ぶ機会を頂けたことには本当に感謝しているのですが、ＨＳＵに入れなかった人たちもたくさんいることを踏《ふ》まえて、私たちはどういう心構えで学生生活を送っていけばよいのでしょうか。

「プロの伝道師」といえるのは、どのような人か

大川隆法　最終的には、やはり、伝道を成功させて、もっともっと支持勢力を獲《かく》得《とく》しなければいけないのです。したがって、真理を信じる人の数を増やさなくてはいけません。

最近、ある調査では、あの世を信じる人は五十パーセントに近づいてきているそうです。それには当会の霊言《れいげん》集の影響《えいきょう》もそうとうあると思うのですが、まだ過半数や三分の二には達していないので、もう一段、押《お》さなければいけません。

みなさんが「プロの伝道師」になるためには何が必要でしょうか。

例えば、みなさんをポンとどこかに置くと、その周りに信者が百人ぐらいできてくるような、そういう力を持っていれば、だいたいプロとして通用することは分かっています。

これは、国内ではなかなか難しいのですが、海外では確実に起きることです。

ある国に、その国の言語ができる教団職員を一人、ポンと放り出し、放っておくと、一年後か二年後には周りに信者が百人ぐらいできてくるのです。信者が百人ぐらいになってくると、一定の活動単位ができてきて、いろいろな役割をつくり、組織的に動き始めます。そうすると、また周りに広がっていきます。

ウガンダの場合もそうです。最初は外交官夫妻が個人的に伝道をしていたのです。そういうことから始まって、百人ぐらい信者をつくったところで、その人は異動になり、赴任《ふにん》先の国が替《か》わったようです。ただ、信者を百人ぐらいつくっておいてくれたので、そのあと教団職員を一人送り込《こ》んだらバーッと広がり始め、信者が数万人以上になりました。

私は、インドに行き、何カ所かで講演をして回りましたが（注。二〇一一年の二月末から三月にかけて、「インド・ネパール巡錫《じゅんしゃく》」を行《おこな》った。『大川隆法 インド・ネパール 巡錫の軌跡《きせき》』〔幸福の科学出版刊〕参照）、一回行《い》っただけで数十万人の信者ができました。

インド人の方々は信仰心《しんこうしん》が強いので、「人に伝える力がすごく強い」ということもありますけれども、誰《だれ》か〝核《かく》〟を送れば周りに広がっていくのです。

ペルーもそうです。もともと当会の支部はなかったのですが、一人、スペイン語ができる人を送り込んだら、まず百人ぐらいバーッと信者をつくってしまいました。百人ぐらいの組織ができると、そのあと、それが伝道部隊になって組織が大きくなっていくのです。

このように、一人の人を送ると、確実に

インド・ブッダガヤで４万人超を前に説法

2011年３月６日、インドのブッダガヤで行った説法 "The Real Buddha and New Hope"（真なる仏陀と新たな希望）。会場は４万人を超える人で埋《う》まり、さらに数万人が会場から溢《あふ》れた。近隣《きんりん》のマハーボーディ寺院に参拝していた僧侶たちも参加し、最前列で説法を聴いた。

『大川隆法 インド・ネパール 巡錫《じゅんしゃく》の軌跡《きせき》』
（幸福の科学出版刊）

周りに信者が増えてくるのであれば、こういう人はプロといえますし、こういう人が私たちの仲間に加わってくれれば、心強いかぎりです。

伝道も営業も、成功の鍵《かぎ》は「説得力」にある

みなさんは、ＨＳＵで教学をなさると思いますが、「仏法真理《ぶっぽうしんり》を知識的にだけ頭で覚えていればよい」というわけではありません。「仏法真理を、説得力を持って人に説くことができるか。そして、人々に影響を与《あた》えることができるか」というところがポイントだと思うのです。

これについては、「学生時代においてもチャンスがあれば、机の上の勉強だけではなく、実践《じっせん》に移してみる」という立場が大事です。

失敗の体験も大事だと思います。その失敗とは、別に伝道のことだけではありません。世の中全体のことにおいて、そうなのです。例えば、「営業に行くと、ずっと失敗が続く」とよく言われています。

最近、ＪＡＬ《ジャル》（日本航空）の経営再建を果たされて有名になった、京セラの稲《いな》盛和夫《もりかずお》氏が書いたものを読むと、次のようなことが書いてあります。

最初、京セラ（当時の社名は京都セラミック）は、松下《まつした》電器（現パナソニック）のグループ企業《きぎょう》である松下電子工業だけに製品を納入していたのですが、松下電子のほうから、「ほかの会社とも取引をしていいですよ。したらどうですか」と言われたようです。

そこで京セラは、喜び勇《いさ》んで、同類の大会社に営業をかけていったのですが、ものの見事に断られたそうです。

これは稲盛氏が営業をスタートさせたころの話です。

松下電子には、たまたま、気の合う人や分かってくれる人がいて、製品を買ってくれたのでしょうが、「ほかのところへ売ってもいいですよ」と言われ「販売《はんばい》先を拡張できる」と思ったのに、ほかの会社からは断られ続けたのです。

これが営業の本質なのです。伝道とそれほど変わりません。人間は、「初めてのもの」に対しては拒否感《きょひ》を示すのです。「この拒否感をどうやって乗り越《こ》えていくか」というところが智慧《ちえ》の部分です。

必要なのは「説得力」です。具体的な部分についての知識を持っていることや、いろいろな経験則を知っていることが大事ですし、「人間関係学」の勉強もしなくてはなりません。こういうことによって説得力を増していくことが大事だと思います。

世代の違《ちが》いによって認識が変わることを理解する

今の段階で、ハッピー・サイエンス・ユニバーシティに入れない方や、迷っている方がいたりして、いろいろと分かれている部分もあることはあると思いますが、これはしかたがないところだと思うのです。全国各地に信者子弟《しんじゃしてい》がいてよいと思っています。

みなさんのお父様がたの世代には、自分が若いころには、まだハッピー・サイエンス（幸福の科学）がそれほど認められていないというか、教団ができていなかった時代の人が多いのです。そういう人たちの場合、当会を「新しい宗教だ」と思い、幸福の科学についての知識がないために用心したりします。

しかし、みなさんの世代になると、「もうすでにハッピー・サイエンスはあった」という状態なので、世代が変わると認識力も変わってくるのです。

これについては、いつの時代の、どのような宗教であっても、同じことが繰《く》り返し起きているので、「そういうものだ」と思わなければいけません。

説得できる人もいますが、頭が古くなったために、頭が固く、新しい知識や情報を十分に消化《しょうか》できない人もいます。

その場合には、今回の人生では、魂《たましい》的にそこまで予定されていないのかもしれません。そうした方に対しては、「『人間関係は上手に保ちつつも、自分の信念は貫《つらぬ》く』ということを、どうやったらできるか」を考えることが大事だと思うのです。

人間として自立し、実績を示すことで親の信頼《しんらい》を得ることができる

親子の情がある以上、自分としての考え方はもちろんありましょうけれども、子供が大きくなるにつれて、だんだん、親の考え方を子供に押し付けることは難しくなってくるので、子供のほうにとっては、「人間として、しっかりしているかどうか。自立しているかどうか。自分の行動に責任が取れるようになっているかどうか」ということで信頼《しんらい》感を得ることが大事だと思います。

こうした「人間としての信頼感」が子供にできてきたら、たとえ、子供がやろうとしていることについて反対であっても、親は、ある程度、子供を手放していかなくてはなりません。

例えば、職業に反対であったり、方向性に反対であったりして、親としては「このようになってほしい」という考えがあったとしても、本人が「人間として自立し、責任を持って生きていける」という段階に達していたら、やはり、ある

程度のところで手放していかねばならないと思うのです。

他の人の心は完全には自由になりません。それは当会の教えにあるとおりですが、少なくとも自分の心は自由になるので、信仰者である人は、環境《かんきょう》や周りのせいにしないで、まず自分自身の心を完全にコントロールできるようにし、「自分でできることは何なのか」ということを考えて、それをやるべきです。

他の人の心を完全に変えることはできません。影響を与えることはできますが、変えることはできないので、説得し切れない場合には、少なくとも、「自分としては、この道で生きていける」という方向を、かっちりと固めていくことが大事なのではないかと思います。

これは哲学《てつがく》でも永遠の真理であり、なかなか他の人の心は自由にはなりません。影響を与えることはできても、自由にはならないのです。

特に、順序がある場合、例えば、「立場が上の人と下の人」や「親と子」のように、「年齢《ねんれい》の差」や「経験の差」、「知識の差」などがある場合には、自分より知識や経験が足りない人たちの意見を、目上の人はそう簡単には聴《き》いてくれないことがあります。そういう人たちを納得《なっとく》させるためには、やはり、それだけの実績が必要になってきます。信頼感を勝ち取らなくてはいけないのです。

ただ、それがあまりにも不毛なところまで行っているならば、見切りも大事だと思います。

人間として自分は自分の人生に責任を持てるかどうか。自分は、それにふさわしい努力をしているか。責任を取れる行動をしているか。周りから信頼されるような人間であるか。

そういうことを自分に問うて、変えるべきところは変え、やれることはやって、それでも駄目《だめ》なら、「自分は自分の道を行く」というのも一つだと私は思っています。割り切り方は、いろいろあると思います。

困難に対しては、「人間としての実力の問題」と割り切って考える

この会場の後ろ側に来てくださっているような、立派なご父兄《ふけい》をお持ちのみなさんは、本当に幸福だと思います。

学生よりもご父兄のほうが多く来ていらっしゃいます。本当にご熱心であり、寒いなかを、桜もほとんど咲《さ》いていないうちに来ていただいて、まことにありがたいことだと思います。

そういうご父兄を持ったみなさんは、心より感謝していただきたいと思います。

また、そうではないご父兄であっても、お祈《いの》りをしつつ、その人をお導きする努力をしたほうがよいのです。

ただ、釈迦《しゃか》の「蓮《はす》の華《はな》のたとえ」どおり、「縁《えん》のある方」、あるいは「少し導けば目覚める方」と、「目覚めの遠い方」との差はやはりあるので、そのへんの見《み》極《きわ》めは大事なのではないかと思います。

世の中で何事かを成し遂《と》げようと思えば、困難は付きものなので、「信仰だから」「宗教だから」と、あまり限定しすぎることなく、「これは人間としての実力の問題なのだ」と割り切って考えていくことも重要ではないかと思います。

2 「作《さ》務《む》の意義と心構え」について

Q2

私は、ＨＳＵを悪から護《まも》り、自分たちの信仰生活を護っていく上で、「作《さ》務《む》」（掃除《そうじ》等の作業。宗教者にとっては修行《しゅぎょう》の一つと見なされる）がとても重要なものだと感じております。

そこで、大川隆法総裁先生から、「学問のすすめ」ならぬ「作務のすすめ」、または「作務の極意《ごくい》」を伝授していただければ幸いです。

これは本当に「自分の人生をかけての質問」でもよいと考えています。よろしくお願いいたします。

経営コンサルタントの一倉定《いちくらさだむ》も重視した「整理整頓《せいりせいとん》」や「掃除《そうじ》」の習慣

大川隆法　さすがは、わが大学です。こういう質問がほかの大学で出ることは、まずなかろうと思います。永平寺《えいへいじ》や天龍寺《てんりゅうじ》でなら出るかと思いますけれども、大学では出ないでしょう。

「作務」という言い方は宗教的な言い方ですが、基本は「整理整頓《せいりせいとん》」や「掃除《そうじ》」あたりから始まることだと思います。これは意外に大事なことなのです。

経営成功学部では、一倉定《いちくらさだむ》というコンサルタントの経営学もかなり取り入れており（『危機突破《ききとっぱ》の社長学――一倉定の「厳しさの経営学」入門――』〔幸福の科学出版刊〕等参照）、中小企業《きぎょう》レベルの経営学だと、この人の言っていることは、ほとんど当たっているのですが、「経営が傾《かたむ》いている会社は、要するに、その会社の建物に入ったら、すぐ分かる」というようなことを言っています。

そういう会社では、作務に当たる部分である掃除や整理整頓がまったくできて

●永平寺　福井県吉田郡永平寺町にある寺院で、日本曹洞宗《そうとうしゅう》の大本山。
●天龍寺　京都市右京区にある寺院で、臨済宗《りんざいしゅう》天龍寺派の大本山。

いません。また、メーカーなど、何か物をつくっているところでは、工場を見れば会社の状況《じょうきょう》がすぐ分かるのです。

片付けができていなくて、いろいろな所に道具などが散っていたり、ゴミがあったり、ネジが落ちていたりするので、工場を視察したら、その会社が大丈夫《だいじょうぶ》かどうか、すぐ分かるわけです。

銀行であれば、「この会社に融資《ゆうし》してもよいかどうか」ということは、工場の清掃状態を見れば分かりますし、経営者が見ていないところについても分かります。そういう部分には、従業員の志気や、仕事に対する情熱、使命感が表れてくるわけです。

よくできる会社では、驚《おどろ》いたことに、社長自《みずか》らが作業着を着てトイレの掃除をしています。「朝早くから、おじさんが作業着を着てトイレのタイルを拭《ふ》いているので、社員が、『誰《だれ》が何をやっているのか』と思ったら、それは社長だった」ということもあるのです。

社長が朝の八時や七時半から来て、トイレの掃除をしていたら、そのあと、のんびり出てきた社員たちは引き締《し》まります。「うわあ、社長がトイレを掃除している」と言い、翌日にはもう少し早く出てきて、自分たちがやらなくてはいけなくなります。このように社長が率先垂範《そっせんすいはん》をする場合もあるのです。

それから、工場にゴミがたくさん落ちていたりすると、不良品が多く生まれ、不良品率が高くなります。

最近、マクドナルドでは、「食品に異物が入っていた」ということがありましたが（講演当時）、そういうことがテレビのニュースで少し流れただけでも、あっという間に信用が崩《くず》れてきます。

例えば、ゴキブリが転がっているような所でつくられていたりしたら、その食品は、食べられるようなものではありません。

それは、物をつくることだけを考えていて、整理整頓や掃除のほうを考えていない証拠《しょうこ》です。清潔な所でつくらなくてはいけないのに、「買う人は、つくっている場所を見ていないから、分からないだろう」と思っているわけです。

マクドナルドは優良会社で、経営的にも黒字がずっと続き、信用がある会社だったのですが、食品への異物混入が何件か見つかったあたりで、あっという間に信用が崩れ始め、赤字に転落して、今は企業が危機に陥《おちい》っています。

それは、いわゆる「作務」の部分を軽視した結果なのです。

「日ごろの生活」は周りの人たちから見られている

みなさんに当てはめて言うと、当会の経文《きょうもん》を上手に読んだり、机に向かっての勉強がよくできたりしても、「日ごろの生活」が乱れており、周りから見ていて、「情けないなあ。HSUの学生って、口ではいいことを言っているけど、学校から抜《ぬ》け出して、うちの店へ来てやっていることは何だ」というようなことを言われないようにしなくてはいけません。周りの人たちは、みなさんを見ていることは見ているわけです。

そういう事例が何件か出てくると、あっという間にマイナスの評価がつき、転げ落ちていくことがあります。

幸福の科学学園中学校・高等学校の那須《なす》本校から車でほんの少しの所に、全寮《ぜんりょう》制の男子校である中高一貫校がありました。東京に姉妹校がある学校です。

そこは、例の東日本大震災《だいしんさい》のとき、校舎に亀裂《きれつ》が入ったりもしたため、東京に避難《ひなん》し、東京の姉妹校の体育館か何かで授業を再開し、そのあと多摩《たま》市の仮校舎で授業をしていますが、とうとうなくなってしまうことになりました。

そこは、震災よりもっと前に、写真週刊誌か何かに記事を載《の》せられたことがあります。生徒たちがトイレに集まって喫煙《きつえん》している写真を載せられ、「全寮制といっても、実態はこんなものだ」というようなことを書かれたのです。

また、「脱走《だっそう》する人が後を絶たない」というようなことも書かれたため、信用が落ちてきて、偏差値《へんさち》が最初のころよりもガガッと二十ぐらい下がっていきました。廃校にしたくなるような事情も、〝序曲〟としてはあったようです。

「真理は細部に宿る」と考え、小さなことを大事にする

そういうわけで、細《こま》かいことについては、いちいち言いませんが、みなさんが、「自分たちが学びの場としている所を、丁寧《ていねい》に、きれいにしていこう」という気持ちを持っていることが、やはり、本当に学問や教学に打ち込《こ》むための前提条件でもあるのです。

周りが汚《きたな》くて、「心だけは美しい」と言っても、そう簡単に信じてもらえるものではありません。例えば、自分の勉強部屋が汚くてゴミだらけでありながら、「いや、私は心だけは美しい」といくら言っても、やはり、「そうかなあ。やるべきことをやっていないのではないですかねえ」と言われるかもしれません。

したがって、どうか、小さなことを大事にしてください。「真理は細部《さいぶ》に宿る」ということもあり、小さなところに人の目はけっこう行きます。そういうところで手を抜いていないかどうか、きちんとできているかどうか、そのへんを見られ

ると思います。
そういう心掛《こころが》けが、作務には大事なのです。

HSU生の「作務《さむ》」の習慣

HSUでは開学後、「作務サークル」や、地域清掃を含むボランティア活動を行う「TWDボランティアサークル」等が発足。また、学生寮では、毎朝寮内の作務も行っている。

公道・海岸の清掃やHSU礼拝堂の作務を行う「作務サークル」のメンバー。

3 「学生信仰《しんこう》革命」が目指すものとは

Q3

幸福の科学大学が不認可となった際、大川隆法総裁先生より、「今こそ『学生信仰《しんこう》革命』のときである」というお言葉を賜《たまわ》ったと伺《うかが》っております。私も含《ふく》め、多くの学生信者たちが、このお言葉に感銘《かんめい》を受け、この革命の成就《じょうじゅ》に向けて動き始めんとしております。そこで、総裁先生がお考えになる「学生信仰革命」の意義と、私たちが最終目標とすべきビジョンについて、お教えください。

また、この革命と学問を両立させていく上でのアドバイスを賜れればと存じます。HSUを「エル・カンターレ信仰のニュー・フロンティア」とすべく、邁進《まいしん》させていただきます。

超《ちょう》一流大学に進んだ信仰者《しんこうしゃ》たちの意外な「その後」

大川隆法　みなさんの先輩《せんぱい》には、超《ちょう》一流大学に進んだ人もいますが、大学に進んだあと、別人のように人格が変わった人もいます。

それは、信仰心《しんこうしん》を持っていない人、あるいは宗教に偏見《へんけん》を持っている人が圧倒《あっとう》的に多く、信仰を持っている人が少ない大学に進んだ場合です。そういうところほど、意外に偏差値が高かったりするものです。

そういう「多勢に無勢《ぶぜい》」のなかで「信仰告白」をやってみたりすると、あっという間に浮《う》き上がってしまい、いられなくなるようなこともあったりします。

もともとは信仰心があって、信仰教育を受けてきたけれども、その大学に溶《と》け込《こ》むために、信仰心がないようなふりをしている人もいます。

また、当会の学生部が、「学生部の集《つど》いに出てこないか」という電話をかけると、「なぜ出なきゃいけないの？」というような答えが返ってきて、学生部の人が驚《おどろ》いたりすることも起きています。

一流大学に行った人のなかには、こういう人がいるのです。「朱《しゅ》に交われば赤くなる」という言葉がありますが、「周りが、全体的にどのような方向に動いているか」ということによって、それに影響《えいきょう》されることもあるため、大勢が向いている方向とは違《ちが》う方向に一人だけが行くのは、それほど簡単なことではありません。

幸福の科学は「諸学問に対して開《ひら》いた体系」を持っている

この点において、みなさんは非常に恵《めぐ》まれていると思います。信仰心のある方々と、四年間、学習環境《かんきょう》を共にし、信仰を持ちながら勉強することができるからです。

また、当会の信仰体系は「諸学問に対して開《ひら》いた体系」を持っていますが、一《いっ》般《ぱん》に他の宗教は「閉じた体系」を持っています。ほかのものをあまり入れると、自分のところの信仰が薄《うす》くなるからです。

「新聞は読まないようにしてください」「テレビは観《み》ないようにしてください」「当教団以外の本は読まないようにしてください」などと言っているところもあると聞いています。

八王子《はちおうじ》にある某《ぼう》宗教系の大学では、「宗教学部だけはつくれなかった」と言われています。日蓮《にちれん》の教えなどを基礎《きそ》にしていても、日蓮宗の教学を大学で教えたら、そ

「信仰生活」と「学業」を両立するHSU生

ピラミッド型礼拝堂では、毎日の朝の瞑想《めいそう》、朝の祈り、夜の祈りのほか、幸福の科学の全国の支部・精舎《しょうじゃ》等で開催されている「七の日感謝祭」や「御法話拝聴会」などを行っている(自由参加)。一方、図書館の利用が多いのもHSU生の特徴で、幸福の科学教学が諸学問に対して開かれた体系を持っていることが分かる。

礼拝堂の真下には10万冊を所蔵できる図書館があり、年間貸出冊数は学生一人当たりおよそ70冊(全国の大学でも上位に相当)。

の宗教の運動方針というか、基本教義が崩《くず》れてしまうため、「宗教だけは教えられない」という宗教系の大学も、この世には存在するようです。

当会は、そのようにはなっていません。いろいろな学問や情報を総合し、もちろん、反対の意見も斟酌《しんしゃく》し、比較衡量《ひかくこうりょう》をした上で、「真理とは、こういうものだ」ということを言っているので、みなさんの考え方も「ロジカル・シンキング」になっていて、「論理的な思考」が十分にできるようになっていると思います。

灯台守《とうだいもり》のように、光を放ちながら闇夜《やみよ》の海を照らし続ける

この世の学問には、まだ未熟で、真理に届いていないものもありますが、有用なものも、使えるものも一部あります。

トヨタが自動車をつくるとき、自動車の部品の組み立て方は、基本的には唯物《ゆいぶつ》論《ろん》によるものです。「仕事に〝魂《たましい》〟がこもっているかどうか」ということは主観的な問題です。〝魂〟がこもった仕事をしていれば、事故が少なかったり、その

車に乗る人が幸福になったりすることもあるだろうと思いますが、基本的には宗教の入る余地は少ないと思います。

そういう学問であっても、有用なところは有用であるため、有用なところについては使ってもよいのですが、大勢のいるほうに引っ張っていかれるので、そのなかにあって、真理に反する考え方に完全に染まり切らないでいるのは、たいへん難しいことだろうと思います。

そういう「真理が薄いところ」にいる人たちは、離《はな》れ小島に住んでいるようなものなので難しいのです。そのなかで、灯台守《とうだいもり》のように、「光を放ちながら闇夜《やみよ》の海を照らし続ける」という孤独《こどく》な戦いを、やらざるをえないわけです。

しかし、灯台があることによって、船は、座礁《ざしょう》して沈没《ちんぼつ》したり、お互《たが》いにぶつかったりしないで済むので、真理の灯台を掲《かか》げることは大事です。

そういう意味では、みなさんが学業面もきちんとしておりながら、やはり、道徳的、精神的な面でも、ほかの人のメンター（精神的指導者）というか、精神的に頼《たよ》りになるような人になっていくことが、「学生信仰革命」になっていくだろうと思います。

一般《いっぱん》の人に仏法真理《ぶっぽうしんり》を伝え、「知行合一《ちこうごういつ》」の実践《じっせん》を

教学のテストもあるでしょうが、本学のように信仰者が中心になっているところでは、気をつけないと、場合によっては、教学を知識面でだけ捉《とら》えすぎて、実行を伴《ともな》わない傾向《けいこう》が出ることもありうると思います。

ただ、ここの近隣《きんりん》で、カニに伝道するわけにもいきません。してもよいのですが、カニ語を話せないので、なかなか難しいだろうと思います（笑）。

渋谷《しぶや》など、人が大勢いる所では、地の利があって伝道しやすいかもしれませんが、この辺では、そう簡単ではないかもしれません。

ここは教学がしやすい所ですが、知識を持つことだけに止まることなく、持った知識を、やはり、何らかの機会のときに、どこかで登場させて、それを伝えな

くてはなりません。そういう訓練をすることが大事です。

千葉県の一カ所に学生が集まりすぎることによって、全国のいろいろな所で学生部長になるべき人が、全部ここに集まってしまい、地方での学生部活動が衰退《すいたい》することも、いちおう恐《おそ》れられてはいます（笑）。

いい人たちをここが取ってしまったかもしれませんが、「ほかの大学でも、新規の学生信者を獲得《かくとく》し、頑張《がんば》っていただきたい」と思っています。

そして、みなさんには、「知行合一《ちこうごういつ》」の部分を実践《じっせん》してほしいと思います。

四年間、勉強し、知識等を溜《た》め、卒業してから大胆《だいたん》に行動に移っても構いませんが、勉強する合間に、ときどき、ボランティア的なことをする機会や、学生の活動で何かができたり、一般《いっぱん》の人に仏法真理《ぶっぽうしんり》を伝えたりするようなチャンスがあったら、喜んで参加し、トライしてみてはどうでしょうか。

そして、失敗しても、それにめげず、「教学面で未熟なところがなかったか」「自分のメンタリティーの面で未熟なところがなかったか」ということを、仲間

地域交流や学生イベントへの参加

HSUでは開学以来、地域交流等の対外的な活動を積極的に行ってきた。開学時には、開学祝いとして、長生村民から「さざれ石」(右写真)が寄贈されている。

●地元のお祭りに参加

2015年7月24～26日に開催された「第61回茂原七夕まつり」で、HSUのジャズダンス部Grand《グラン》 Aile《エール》がダンスを披露《ひろう》。好評を博し、その後も村のイベント等に出演を重ねている。

●地元の方向けに見学会を開催

2015年5月、地域の方をお招きし、講義室や図書館、講堂兼体育館、カフェテリア等を案内。災害時に緊急避難場所になることを想定した、避難経路の説明も行われた。

●他大学の学生との交流

2015年4月、東京で行われた一般学生団体主催の新入生歓迎イベント(参加者2000名以上)に参加。他大学の学生と交流を深めた。

●学園祭での交流

2015年11月に開催された「第1回HSU祭」では、地元の方が屋台を出店。長生村の太鼓《たいこ》クラブによる演奏も行われた。

とも相談して考えてみるのです。

ＨＳＵは全国の学生部の「シンクタンク」「知恵袋《ちえぶくろ》」となれ

ＨＳＵは、全国の学生部の「シンクタンク」というか、「知恵袋《ちえぶくろ》」のようなユニバーシティになってほしいと思います。

全国の学生部が、「この問題は、どうしたらよいのか」と思ったら、ＨＳＵに相談に来る。そして、気合いを入れてもらって帰っていく。そのくらいになってくれれば成功だと思います。

そういうかたちでの「学生信仰革命」を成し遂《と》げてくだされば結構かと思うのです。

全国の学生をここに集めて、全国各地の学生活動を干《ひ》からびさせるのが、この大学の目標ではありません。ここに優秀《ゆうしゅう》な人が集まっていますが、ほかの地域では、また伝道していき、学生部長ができるような有力な人材、新しいリーダーを育てていただきたいと思います。

そして、何かのときにはここに集まり、信仰心を充電《じゅうでん》し、教学的にもマイナスのところを充電して、もう一回、活動を強化していけるようにしてほしいのです。ここは、そのような発信基地にもなっていただきたいのです。先生がたも、たぶん、それに協力してくださると思います。

「新しい文明実験」ですけれども、どうか、怯《ひる》まずに前に進んでください。勇気を持って行きましょう。

4　人を惹《ひ》きつける「笑い」の力とは

Q4

私は、HSU未来創造学部の一年生です。御《ご》講演「未知なるものへの挑戦《ちょうせん》」(本書第2章)で、「未来創造学部は、国に大きな影響《えいきょう》を与《あた》える人材を出していく」と教えていただきましたが、今後、未来創造学部では、ほかの学部よりも熱心に、「人を惹《ひ》きつける力」について学んでいくと思います。

私は、「スピーチや会話のなかで相手を笑わせることができる力」というものも人を惹きつける力だと思っており、質問をする際に、「笑いの入門」という言葉を掲《かか》げさせていただきました。

そこで、大川隆法総裁先生のお考えになる「人を笑わせる力」というものについて教えていただければ幸いです。

「笑い」は未来創造学部で研究してもよいテーマの一つ

大川隆法　たいへん難しい質問が出てきました（会場笑）。これは、まだテキストができていない部分です。

もし、そうしたテキストをつくりたいと思ったら、浅草《あさくさ》に行って寄席《よせ》などに通い、そのあたりから講師を呼んでこないと駄目《だめ》かもしれません。やはり、そういうものにも、彼らなりのコツがあるでしょう。

いずれにしても、これは未来創造学部の研究テーマとして入れてもよいだろうとは思います。

例えば、そうした「お笑い」を専門にしている人を講師として呼んでみて、実体験をいろいろ聞いてみてもよいかもしれません。また、実際に、いろいろな人を笑わせる人のところに行って、自分が笑えるかどうかを体験してもよいでしょう。

やはり、笑いの質というか、打率というか、そうしたもので〝座布団《ざぶとん》の枚数〟が増えていくような職業が現実にあるので、それには一定の実力があるのだろうとは思います。

これは、日本人が特に弱いところの一つです。日本人には、「ウイット（機知）が足りない。機知《きち》に富んだ話し方ができない」、あるいは、「冗談《じょうだん》が上手に使えない」というところがあります。

欧米《おうべい》では、知識人であっても、やはりウイットに富んだ会話ができる人、人を笑わせたり、間髪《かんはつ》を容《い》れずに上手なジョークが言えたりするような人は尊重されます。また、中国人も、「ユーモアのセンスは日本人より上だ」と言われています。

「ユーモアのセンスがある」とほめられた香港《ホンコン》講演

以前、私は香港《ホンコン》で講演をしたことがあるのですけれども（注。二〇一一年五月二十二日、〝The《ザ》 Fact《ファクト》 and《アンド》 The《ザ》 Truth《トゥルース》〟（「事実」と「真実」）と題する英語説法《せっぽう》を行《おこな》った。『大川隆法 フィリピン・香港 巡錫《じゅんしゃく》の軌跡《きせき》』（幸福の科学出版刊）参照）、それを聴《き》いた人の感想に、「日本人で、こんなにユーモアのセンスのある人は初めて見た」というようなことが書かれているものがあって（笑）、「妙《みょう》なところをほめられたな」と、少し笑ってしまいました。

「私の話のどこにユーモアがあったのだろう。真剣《しんけん》に言ったはずなのに、どこにそんなにユーモアがあったのかな」と思ったのです。

　あのときは確か、その前の日にフィリピンの大講演会で、街宣のような感じのガンガンの英語説法をしました（注。二〇一一年五月二十一日、〝Love《ラヴ》 and《アンド》 Spiritual《スピリチュアル》 Power《パワー》〟（愛と霊界《れいかい》の秘術）と題する説法を行った。前掲『大川隆法 フィリピン・香港 巡錫の軌跡』参照）。

　そして、そのまま、夜、台風が来ているなかをプライベート・ジェットで〝夜《や》陰《いん》に乗じて〟香港に入り、翌日、講演を行ったのです。

そのため、私は声が出ない状態になっており、普段《ふだん》は演壇《えんだん》に立つ前に拒否《きょひ》することはめったにないのですが、「今日だけはつらい。もう勘弁《かんべん》してほしい」と、周りの人たちに少し愚痴《ぐち》を出してしまいました。「声が出ないのに、どうやって講演をするのだ」という状態だったのです。

とはいえ、「しょうがない。もう涙《なみだ》を隠《かく》してやるしかない!」ということで出ていって、出ない声を振《ふ》り絞《しぼ》って話をしました。

ところが、なんと、感想を聞くと、「日本人で、こんなにユーモアがある人は初めて見た」というようなことを言っているのです。

私は本当のことを言っただけであり、「前日の講演会で喉《のど》を潰《つぶ》してしまったので何も声が出ませんけれども……」というような話をしたのですが、それがおかしかったのでしょうか。そこは分かりません。

香港《ホンコン》の人たちがショックを受けた「考え方」とは

また、香港《ホンコン》の講演では、「あなたがた香港の人たちは、香港から逃《に》げ出すか、中国に吸収されるか、どちらかしかないと思っているでしょう。そんなことだから駄目なのです！　第三の道を拓《ひら》きなさい。香港が北京《ペキン》を吸収するのです！」というようなことを説きました。

それを聴いた人たちは、びっくりしたようです。そんなことを考えたことがある人は一人もいなかったらしく、かなりショックを受けたようなのです。

私としては、当たり前のことを述べただけなのですが、「日本人にして、こんな考え方をする人がいるのか」というように、よほどショックだったらしいのです。そのあと、「雨傘《あまがさ》革命」などのデモがたくさん起きましたけれども、そのなかには私の話を聴いた人がいて、「中国に吸収されまい」と思って、そうとう頑《がん》張《ば》っていたと聞いています。

そのように、香港にも、また、台湾《たいわん》にも当会の教えはかなり入っており、それを聴いた人が活動をしています（注。二〇〇八年十一月九日、台湾の台北《タイペイ》支部精舎《しょうじゃ》で、「仏国土《ぶっこくど》ユートピアの実現」と題する説法を行った。『朝の来ない夜はない』〔幸福の科学出版刊〕参照）。

あるいは、ネパールも占領《せんりょう》されないように頑張ってはいます（注。二〇一一年三月四日、ネパールのカトマンズで、"Life《ライフ》 and《アンド》 Death《デス》"〔生と死〕と題する英語説法を行った。前掲『大川隆法 インド・ネパール 巡錫の軌跡』参照）。

ともあれ、香港では、意外にも、「ユーモアのセンス」というようなことでほめられたので不思議だと思いました。

「笑いの価値」は、どのようなところに生じるのか

おそらく、そうした笑いを呼び込《こ》むユーモアのセンスというのは、「ほかの人ができないような考え方ができる」ということだと思います。別な言葉で言うと、

「異質な目を持っている」ということでしょう。

例えば、それを発電にたとえてよいかどうかは分かりませんけれども、水力発電というのは、ダムに水を溜《た》めて、ダムから水を落とすときの力でタービンを回し、電力を発生させます。

そのように、「笑いの価値」、あるいは「ユーモアの価値」というのは、やはり、何かの〝落差〟があるところに必ず生じるものだと思うのです。

その落差とは、要するに、見る視点、あるいは、考え方、着想などの異質性の部分ではないでしょうか。普通の人が常識的に考えるものとの距離《きょり》がどのくらいあるかによって、落差が生まれてくると思うのです。そうした落差の部分が、多くの人には驚《おどろ》きになります。

そして、その驚きが積極的で明るいものであれば、ユーモアと化して笑いを呼ぶわけです。

また、それが積極的で明るいものではなくて、もう少し深刻なものであった場合、ユーモアや笑いは呼ばないけれども、「戦慄《せんりつ》の啓示《けいじ》」となるでしょう。背筋《せすじ》が震《ふる》えるような驚愕《きょうがく》の〝撃《う》ち込み〟をされ、頭を脳天から割られたように、全身ビリビリになって、「これは何かをしなければいけない」という感じになるのです。

その落差は、どちらかに行くと思います。

いずれにせよ、そのように落差をつくることは大事です。「普通の人が考えないようなことを考える」、あるいは、「考えないようなところに着想を持つ」ことによって落差が生じます。そして、その落差が、ユーモアを生むか、人々を揺《ゆ》さぶるような驚愕の真実を伝えて人を動かすかのどちらかに、必ず転化するでしょう。

したがって、日ごろから、いろいろなものについて関心を持ち続けることです。今やっているものと、その関心を持っているものとの間に距離があればあるほど、人にとっては、全然信じられないぐらいの落差になります。

そして、その落差が明るく積極的な方向で使われた場合には、それは、おそらく、ユーモアや笑いを呼ぶことになるわけです。

みなが学んでいることを同じように学ぶだけでは、笑いの部分は出てきません。落差がポンッと人を笑わせるのです。

真面目《まじめ》に話しているのに「笑い」を呼び込《こ》むパターン

あるいは、真面目《まじめ》なことを言っていても、人を笑わせることがあります。例えば、当会の信者である芸能人などが、ときどきテレビに出ていますけれども、普通に会話をしていても、みんながドッと笑うようなシーンがあるのです。

それは、幸福の科学のまともな真理を、普通に説明しているだけなのですけれども、「ドラマで共演したあの人は、本当にいい人なんですよ。いつ死んでも天国に行けるような、すごくいい人なんです」というように言ったら、周りの人が「人を勝手に殺すなよ！」などと言って、笑いを呼んでいました。

ところが、言っている本人は、本当は〝超《ちょう》真面目〟に言っているわけです。「いつ死んでも天国に行ける」というのは、幸福の科学的に言えば、「すでに、かなり悟《さと》った状態にある」ということなので、これは非常によいことなのです（会場笑）。

それをまともに言っているだけなのですが、周りの人はそれが冗談に聞こえ、「勝手に殺すな！」と言って、ドッと笑っているわけです。

もっとも、これは、笑いの質としては落語と一緒《いっしょ》のものではないかもしれません。ただ、そういうものも現実にはあるのです。

ともかく、芸能界で生きている人で、仏法真理《ぶっぽうしんり》をまともに学んでいる人はそれほど多くはありません。そのため、冗談を言っているつもりではなくても、その視線、あるいは、視角の違いが、ほかの人から見ると落差となって、笑いを呼び込《こ》むことがあります。

その人は、「面白《おもしろ》いことを言うね」ということで、今、いろいろなところに呼ばれて、出番が非常に増えてきていますが、そのように、真っ当に勉強をしているだけなのに、「ほかの人と違うのが面白い」ということで呼ばれるようなこともあるのです。

「多様な視点」や「異質な目」をつくる努力が〝落差〟を生む

もちろん、それがすべてよいことかどうかは分かりません。ただ、少なくとも、仏法真理、あるいは、その他のことなど、自分が現在、専門にしているもの以外のところに視野を広げていくことによって、落差ができるわけです。

その落差が、あまりにも急激な落差だったら、要するに、野球で言えば、カーブでも落ちるカーブや、ストレートでもストンと落ちてくるようなものがありますが、そういう球が来たら、バットが合わないこともあるでしょう。

しかし、人はその落差に笑いを求めるので、そうした落差をつくるために、「多様な視点」や「異質な目」をつくる努力をしたほうがよいと思います。

なお、異質な目をつくる方法の一つは、講演「未知なるものへの挑戦」（本書第2章）のなかでも述べたように、外国語学習を通じて、異国の文化を学ぶことです。それによって、落差が生まれます。

もう一つは、「学問的落差」といって、違う学問をやることです。そうすることによって、今、仕事で使っている学問との間に落差が出てきます。こういうものを仕事の面で上手に活《い》かしていけば、笑いを呼ぶ技術をつくれるでしょう。

あなた（質問者）の質問は、卒論などでも十分に成り立つテーマだと思います。論文が完成したら、幸福の科学のＨＳＵ出版会から出版したいと思いますので、ぜひ頑張ってください。

5　HSU生の未来に期待することとは

Q5

われわれHSU二期生は、今年度（二〇一六年）より、幸福の科学学園那須《なす》本校、関西校、そして、外部の、三つの方面から集まりました。みな、信仰心《しんこうしん》を強く持った方ばかりであり、特に外部生においては、さまざまな経歴を持っている方々が数多く来ています。今日は入学式ですが、いろいろな年代や個性の方々がいて、大学であって大学ではないようなすごい衝撃《しょうげき》を受けております。

そこで、大川隆法総裁先生が考える、那須本校と関西校の出身生、そして、外部生が持つ、それぞれの特色や強み、さらに、これからHSUの歴史をつくっていくに当たっての期待などについて、アドバイスを頂ければありがたいと思います。

ＨＳＵに集まった学生たちの特徴《とくちょう》

大川隆法　ＨＳＵでは、今は、ガイダンスの期間ですが、よく集まって話をしており、だんだんに新しい人たちとも友達関係ができてきていると聞いています。

さて、それぞれの特色ですが、幸福の科学学園那須本校は最初につくった学校でもあり、力が入っていたので、基本的に勉強のよくできる方が多いでしょう。しかも、私が言っているよりもはるかに厳しい〝戒律《かいりつ》〟を課せられて、六年間、あるいは、三年間、修行《しゅぎょう》をされた方が多くいるわけです（会場笑）。これから、「山から海辺に出たらどうなるか」という〝文明実験〟が行われるところでありますが（注。幸福の科学学園那須本校は自然豊かな山々に囲まれた環境《かんきょう》にあり、ＨＳＵは九十九里浜《くじゅうくりはま》の海に面している）、完全に解放されてしまって〝暴走〟するかしないかというあたりは気になるところではあります。

一方、関西校は、那須本校に比べれば、若干《じゃっかん》〝緩《ゆる》い〟でしょう。勉強においても、生活の規律においても、やや〝緩く〟できていると思いますし、学校がいくら厳しく指導しても、「ちょっと京都あたりまで出ていけば、もう目が届かない」というところです。そのため、ときどき自由を満喫《まんきつ》されている方が多いのではないでしょうか。

そういう意味で、この世的に見れば、関西校から来ている方のほうが、多少、要領がよくて、〝裏表〟があるかもしれません（会場笑）。

しかし、全般的には、やや都会派で洗練されていると言われています。そのような違《ちが》いがあると思います。

それから、「仏法真理塾《ぶっぽうしんりじゅく》サクセス№1《ナンバーワン》に通っていてHSUに来た方」もいれば、「サクセスにも通っていなかったけれども、HSUに来た方」もいるでしょう。そうした方々のなかには、おそらくは、那須・関西の両校に行っていた人を見て、「信仰や教育において、だいぶ差がついているんじゃないか」と思って、気後《きおく》れしている方も多いかもしれません。

ただ、ＨＳＵに一年、先に入った方々の話では、那須本校・関西校ともに属していなかった方が、さまざまな活動のリーダーになっていることが多いらしいのです。

むしろ、幸福の科学学園出身者のなかには、これまでにいろいろなところで一人何役もやっていて、ヘトヘトに疲《つか》れており、「ＨＳＵに入ったら、ちょっとはほっこりと休ませてくれ」という人もいると聞きます。

ところが、「初めてここで、幸福の科学の勉強に触《ふ》れた！」という感じだと、「リーダーをやってみたい！」という方も多いようなのです。そのように両校に属していなかった方々が、意外に、リーダーを進んで引き受けているようなので、それはそれで、よいのではないかと思っています。

ＨＳＵ生として「本物の実力」を身につけていく

ところで、ＨＳＵ生に関して心配していたことがあります。去年（二〇一五年）からＨＳＵの出現によって、当会の大学部門の学生部活動に変化が起きつつあるわけですが、私は、「学園出身のＨＳＵ生が〝天狗《てんぐ》〟になっているのではないか」と思って、かなり心配していたのです。

ただ、幸福の科学学園の両校以外から来られた方々や、あるいは、他の大学に行っていたのを辞《や》めて、もう一回、ＨＳＵに入り直された方などからヒアリングをしてみた感じでは、「ＨＳＵの〝本流〟にいる方々はすごく気高《けだか》くて、理想があって、きっちりしているように見える。〝天狗〟になっているようには見えない」という意見なので、それなら、それでもよかったかとは思いました。

ところが、先日も、宇都宮《うつのみや》と東京で学生部の研修があったそうですが、ほかの大学では新四年生がリーダーをしているところを、ＨＳＵでは新二年生がリーダーをしているわけです。そのため、新二年生と新四年生が一緒《いっしょ》に研修を受けているのですが、ＨＳＵの新二年生は、ほかの大学の新四年生に向かって、「何か分からないことがあったら、私たちに訊《き》いてください。ソフトは全部、ＨＳＵにありますから」というようなことを言っていたらしいのです（笑）（会場笑）。

これは、〝超《ちょう》生意気〟に聞こえなくはない言い方でしょう。また、本気でそう思っているのかもしれないので、やや心配してはいました。

確かに、本物の実力であるならば、そのとおりであって、しかたがないかもしれません。実際に、「分からないことがあった場合、ＨＳＵの学生に訊《き》いてくれれば答えられます」ということであれば、そちらのほうがリーダーでしょうから、しかたがないとは思います。

しかし、それが誤解に基《もと》づくものなら、笑いを呼ぶことはあっても、あとで恥《はじ》をかくことになるので、真なる実力かどうかを見極《みきわ》める必要はあるでしょう。ともかく、プライドはすごいと思いますので、あとは実力がついてくれれば、もっとよいのではないでしょうか。

営業・サービス系、マーケティング系の人材が豊富なＨＳＵ

また、おそらくＨＳＵの職員側からの影響《えいきょう》が大きいように思うのですが、「就職に際して大丈夫《だいじょうぶ》かどうか」ということなどを、いろいろ心配しているかもしれません。ただ、これについては、大学をつくっていく段階で評判を高めていく努力をしてください。

幸福の科学学園として、中学や高校では、すでにかなりの成功を収めており、新設校にしては、さまざまな注目のされ方をしています。

例えば、今年（二〇一六年）の四月二日には、関西校のダンス部が、ロサンゼルスで開かれた世界大会で二位になりました。これまでは、那須校のチアダンス部ばかりが頑張《がんば》っていたのですが、とうとう関西校も世界レベルまで行ってしまったわけです。私はダンスなど教えたことはないので（会場笑）、この学校がいったいどうなっているのか、よく分かりません。地理的にも離《はな》れていますし、指導できるレベルでもないのです。

ただ、いったん、「勝つ遺伝子」が入ると、これが、ほかのところにも移っていくらしいということが分かります。

また、チアダンスだけではなく、ほかの部活でも、いろいろな学園生たちが活躍《かつやく》しており、大会で優勝したり、県大会に出たり、国体に出たりと、それくらいのレベルまで行っている人は数多くいます。

さらに、勉強のほうの実績も、だんだん上がってきました。

例えば、早稲田《わせだ》大学の現役《げんえき》合格率で言えば、那須校が、昨年、全国三十位だったところが、今年は十一位になっています。これなど、新設校としては、できすぎと言えばできすぎで、研究対象にされているでしょう。

きっと、ＨＳＵでも同じようなことは起きると思います。そして、「これから何をしたらいいか」ということについては、教員も考えていると思うけれども、学生のほうからいろいろ提案し、企画《きかく》を出すことで、つくっていける面があるのではないでしょうか。

最終的には、伝道して仏国土《ぶっこくど》ユートピアづくりをするところまで持っていくのが仕事ですので、「その過程で、HSUという〝器《うつわ》〟を使って、ここから何ができるのか」ということを考えて、提案・企画していただきたいと思います。

それから、HSUの特徴としては、幸福の科学学園出身の人も、それ以外の人もいるなかで、営業やサービス、あるいは、マーケティング系の仕事ができるであろう人材が多いということです。

HSUは文系の学生の比率が高いのですが、一般的《いっぱん》に既存《きそん》の文系の大学を卒業すると、営業やサービス、マーケティング系の仕事ができない人が非常に多くなります。特に、国立系の大学はそうであって、大概《たいがい》はできません。「威張《いば》るだけならできる」「書類業務はできる」ということはあっても、対人関係になるとできない人がすごく多いのです。

ところが、HSUに関しては、そちらができる人材がかなりいます。これはもちろん、伝道が基本にあるからではありましょう。

そうなると、就職するなり、自分で事業を起こすなりしても、ほかのところの卒業生とは違った面が、そうとう出せるのではないかと思います。かなり、オールマイティーな面を持っているのではないでしょうか。

「今までに見たことのないような新しいもの」をつくり出せ

ともかく、先に述べたように、HSUには、幸福の科学学園の那須本校、関西校出身者、さらに、サクセス№1に通っていた人ということで、主として〝三種類の人種〟がいます。さらに、サクセス№1にも通わずに受験してきた人も一部いるとは思うので、そういう意味では、〝四種類の人種〟が混ざっているかもしれません。

つまり、「そうした人たちが、ここで混ざりながら、お互《たが》いに刺激《しげき》し合い、幸福の科学学園の中高とはまた違った特色を出しつつ、日本中に、そして世界に知られるようなことを何かやってみよう。何でもいいし、どの学部からでもいいから、日本一、世界一と言われるものを出してみよう」ということです。

あるいは、芸能・クリエーター部門であれば、有名な方が出る場合は、あっという間のことでしょう。二十代ぐらいで日本中に知られるような方が出てくる可能性だってあります。また、芸能・クリエーター部門のなかでは、おそらく映画をつくる実習もあると思いますが、「大学生がつくった映画が、どのような内容になるか」というテーマも出てくるのではないでしょうか。

さらには、俳優などの勉強をしながら、政治家になっていくような人もいるかもしれません。

ともかく、さまざまな可能性が複合的に入っており、内部にも異質なものがあるので、刺激し合いながら、何か新しいものを生み出していただきたいと思います。

中高で成功したみなさんがたであるなら、ＨＳＵで新しいものができないはずがありません。地域伝道にとどまらず、必ず、日本国中に、そして世界に打ち出していけるものをつくれるに違いないでしょう。私は、その先に未来が必ず拓《ひら》けると信じています。

そして、少なくとも、卒業の段階で、「私は、これをやりました」、「これだけのことを、私はやりました」、あるいは、「私は、こういうことができます」ということを、ビシッと外に言えるような人材として育ってほしいと思います。

また、出身はいろいろあろうと思いますが、一つに混ざって〝化学変化〟を起こし、今まで誰《だれ》も見たことがないような新しいものを、どうかつくり出してください。

ただ、それを教えられる人は、それほど多くはないでしょう。したがって、自分たちで切り拓いていくのが仕事だと思います。

これは、冷たいように見えるかもしれませんが、神の心でもあるのです。

イエス・キリストに戻《もど》れば、「人間は、今日の糧《かて》、明日の糧に悩《なや》むけれども、神様は、野に咲《さ》く草花や生き物でさえ養ってくださっているのだ。ましてや、あなたがたは人間に生まれて、何を思い煩《わずら》うことがあるか」というような面があるということでしょう。

そういう意味では、可能性は無限にあるので、マイナスのところを見つめすぎず、自分の長所を生かして道を切り拓くことが大切です。人間は、動物や植物に比べて、はるかに有利な立場にあります。そうした、いろいろな道具や武器を使いながら、道を拓き、私を驚《おどろ》かせてください。「ええっ？　ＨＳＵからそんな人が出たんですか！」と、ぜひ、驚かせていただきたいと思います。

そして、とにかく、自力をつけることです。「自分の力をつけて、未来を拓く」というユニバーシティなので、そのつもりでやってください。

「知の殿堂《でんどう》」として世界に情報発信していくＨＳＵ

なお、一部は、海外に留学する方もいるかもしれないし、後《のち》に仕事で行かれる方もいるでしょう。しかし、海外に行ってみたら、本学における教育の本当のレベルの高さが分かると思います。語学学習だけではなく、教養や専門のレベルまで入ったものを教えているということが、いずれ分かるでしょうし、それは、あとになるほど効いてくるはずです。

そこから先は、マインドの問題です。みなさんが、「未来をどう切り拓くか」ということを、いつも考える人材であれば、道は必ず拓けます。

また、日本には乞食《こじき》がほとんどいません。街で見かけるのはとても難しいし、たまに乞食かと思えばお坊《ぼう》さんだったりするわけです（会場笑）。ところが、私たちの場合、最終的にはその仕事だってできます。編《あ》み笠《がさ》を被《かぶ》って立っていれば、それでいいのです。訊かれれば、道を説くことも生き方を説くこともできるので、〝坊さん行《ぎょう》〟ぐらい、そのまま、いくらでもやれるでしょう。

したがって、何も心配することはありません。とにかく、自分のなかを見つめ、「自分の生き筋《すじ》は何なのか」ということを考えて、努力してください。

付け加えると、日本語の勉強もしっかりとしてほしいと思います。これから、ＨＳＵが「知の殿堂《でんどう》」として、世界に情報を発信するようになると、「日本で学びたい」という方も増えてくるでしょう。そのときに、そういう人たちに教えられるような中身がないといけません。実は、英語だけできても、日本語できちんと説明できるような内容を持っていなければ駄目《だめ》なのです。そういう努力もしっかりとしていれば、問題はないと思います。

とにかく、「新しくつくっていく」というのは、面白《おもしろ》いかぎりでしょう。

本日の司会者を見ても、一年前とは顔つきが変わっているので驚きました。宗教のなかで精舎《しょうじゃ》研修をやっていたころとは違います。ＨＳＵで教えていると、一年間で顔が変わってきているので、やはり違いが出てくるのだと感じました。

きっと、みなさんも、これからの何年かで、そうとう変わってくると思います。その変化を楽しみつつ、自分を売り出していく技術を身につけてください。そうすれば、必ずや道は拓けるでしょう。

今日は、未来への道筋《みちすじ》を説きました。どうか、参考にして、将来を歩んでください。

HAPPY SC

あとがき

新しい教育は、熱心な教育者の出現をもって始まる。文科省が補助金をバラまくことを決めて始まるわけではない。

本書は教育界のビッグバンが始まったことを告げ知らす書である。HSUは、新文明の源流《げんりゅう》でもある。日本から始まる教育革命の本流がここにある。

「自助努力」と「信仰心」と「繁栄」を基本として、知の世界の革命は成しとげられるべきである。

私自身、吉田松陰《しょういん》同様、激誠《げきせい》の人であり、「万巻《まんがん》の書を読《よ》まずして、いかで千《せん》秋《しゅう》の人（千年先まで名前の残る人）となることを得《え》んや」と常々《つねづね》考えている者である。またソクラテス以上の愛知者《あいちしゃ》でもある。

若者たちにこの国の未来と世界の夢を託《たく》したい。万感《ばんかん》の思いをもって、本書を世に送り出す。

二〇一六年　五月二日

ハッピー・サイエンス・ユニバーシティ創立者《そうりつしゃ》　大川隆法《おおかわりゅうほう》

特別掲載

『輝《かがや》いて』

作詞・作曲　大川隆法　（作詞 霊指導　トス神）
（作曲 霊指導　トス神、ラ・ムー）

一、
今《いま》の君《きみ》は輝《かがや》いて　大海原《おおうなばら》の
朝《あさ》の日《ひ》の　ときめきの生命《いのち》
燃《も》え出《い》でて　果《は》てなき世界《せかい》を
照《て》らし出《だ》す
ピラミッドの夢《ゆめ》は永遠《えいえん》に
未来《みらい》の誓《ちか》い照《て》らし出《だ》す
ああ　輝《かがや》いて　輝《かがや》いて
宇宙《うちゅう》の闇《やみ》を打《う》ち砕《くだ》かん
ゆけ　ハッピー・サイエンス・ユニバーシティ
無限《むげん》の使命《しめい》をにないつくして
どこまでも輝《かがや》いてゆけ

ハッピー・サイエンス・ユニバーシティ校歌

二、
明日《あす》の君《きみ》は輝《かがや》いて　水平線《すいへいせん》の
向《む》こうの国《くに》の　めくるめく天使《てんし》
悟《さと》りかかげて　無明《むみょう》の闇夜《やみよ》を
照《て》らし出《だ》す
智慧《ちえ》の光《ひかり》は限《かぎ》りなく
世界《せかい》の苦《くる》しみ悲《かな》しみを
ああ　輝《かがや》いて　輝《かがや》いて
地球《ちきゅう》の果《は》てまで追《お》い払《はら》う
立《た》て　ハッピー・サイエンス・ユニバーシティ
救《すく》え　愛《あい》のミッションをたずさえて
ユートピア実現《じつげん》を願《ねが》い抜《ぬ》け

『未知なるものへの挑戦』大川隆法著作関連書籍

『黄金の法』（幸福の科学出版刊）
『真の平和に向けて』（同右）
『世界を導く日本の正義』（同右）
『大川隆法 インド・ネパール 巡錫の軌跡』（同右）
『大川隆法 フィリピン・香港 巡錫の軌跡』（同右）
『危機突破の社長学――一倉定の「厳しさの経営学」入門――』（同右）
『朝の来ない夜はない』（同右）
『大学設置審議会インサイド・レポート』（同右）
『「特定秘密保護法」をどう考えるべきか
――藤木英雄・元東大法学部教授の緊急スピリチュアルメッセージ――』（同右）
『沖縄の論理は正しいのか？

――翁長知事へのスピリチュアル・インタビュー――』（同右）
『「集団的自衛権」はなぜ必要なのか』（幸福実現党刊）
『スピリチュアル・エキスパートによる文部科学大臣の
「大学設置審査」検証（上下）』（里村英一・綾織次郎 編 幸福の科学出版刊）

未知《みち》なるものへの挑戦《ちょうせん》
——新しい最高学府
「ハッピー・サイエンス・ユニバーシティ」とは何か——

2016年5月19日　初版第1刷

著　者　大《おお》川《かわ》隆《りゅう》法《ほう》

発　行　HSU出版会
〒299-4325 千葉県長生郡長生村一松丙 4427-1
TEL(0475)32-7807

発　売　幸福の科学出版株式会社
〒107-0052 東京都港区赤坂2丁目10番14号
TEL(03)5573-7700
http://www.irhpress.co.jp/

印刷・製本　株式会社 堀内印刷所

落丁・乱丁本はおとりかえいたします

ISBN978-4-86395-790-9 C0037
写真：zak/PIXTA

大川隆法ベストセラーズ・HSUの目指すもの

新しき大学の理念

「幸福の科学大学」がめざす
ニュー・フロンティア

「幸福の科学大学」がめざす、日本の大学教育に新風を吹き込む「新時代の教育理念」とは? 創立者・大川隆法が、そのビジョンを語る。

1,400円

「人間幸福学」とは何か

人類の幸福を探究する新学問

「人間の幸福」という観点から、あらゆる学問を再検証し、再構築する——。数千年の未来に向けて開かれていく学問の源流がここにある。

1,500円

「経営成功学」とは何か

百戦百勝の新しい経営学

経営者を育てない日本の経営学!? アメリカをダメにしたMBA——!? 幸福の科学大学の「経営成功学」に託された経営哲学のニュー・フロンティアとは。

1,500円

「未来産業学」とは何か

未来文明の源流を創造する

新しい産業への挑戦——「ありえない」を、「ありうる」に変える! 未来文明の源流となる分野を研究し、人類の進化とユートピア建設を目指す。

1,500円

※表示価格は本体価格(税別)です。

大川隆法ベストセラーズ・HSUの目指すもの

幸福の科学大学創立者の精神を学ぶI（概論）

宗教的精神に基づく学問とは何か

いま、教育界に必要な「戦後レジームからの脱却」とは何か。新文明の創造を目指す幸福の科学大学の「建学の精神」を、創立者みずからが語る。

1,500円

幸福の科学大学創立者の精神を学ぶII（概論）

普遍的真理への終わりなき探究

「知識量の増大」と「専門分化」が急速に進む現代の大学教育に必要なものとは何か。幸福の科学大学創立者が「新しき幸福学」の重要性を語る。

1,500円

幸福の科学の基本教義とは何か

真理と信仰をめぐる幸福論

進化し続ける幸福の科学——本当の幸福とは何か。永遠の真理とは？ 信仰とは何なのか？ 総裁自らが説き明かす未来型宗教を知るためのヒント。

1,500円

「幸福の科学教学」を学問的に分析する

今、時代が要請する「新しい世界宗教」のかたちとは何か？「現在進行形」で新たに説かれ続ける教えの全体像を、開祖自らが説き明かす。

1,500円

大川隆法霊言シリーズ・「信教・学問の自由」を考える

内村鑑三「信仰・学問・迫害」を語る

プロフェッショナルとしての信仰者の条件とは何か？ 近代日本にキリスト教精神を打ち立てた内村鑑三が、「信仰論」と「伝道論」を熱く語る！

1,400円

矢内原忠雄「信仰・言論弾圧・大学教育」を語る

幸福の科学大学不認可は、「信教の自由」「学問の自由」を侵害する歴史的ミスジャッジ！ 敬虔なクリスチャンの東大元総長が天上界から苦言を呈す。

1,400円

南原繁「国家と宗教」の関係はどうあるべきか

戦時中、『国家と宗教』を著して全体主義を批判した東大元総長が、「戦後70年体制からの脱却」を提言！ 今、改めて「自由の価値」を問う。

1,400円

早稲田大学創立者・大隈重信「大学教育の意義」を語る

大学教育の精神に必要なものは、「闘魂の精神」と「開拓者精神」だ！ 近代日本の教育者・大隈重信が教育論、政治論、宗教論を熱く語る！

1,500円

幸福の科学出版

大川隆法ベストセラーズ・理想の教育を目指して

教育の法

信仰と実学の間で

深刻ないじめ問題の実態と解決法や、尊敬される教師の条件、親が信頼できる学校のあり方など、教育を再生させる方法が示される。

1,800円

教育の使命

世界をリードする人材の輩出を

わかりやすい切り口で、幸福の科学の教育思想が語られた一書。イジメ問題や、教育荒廃に対する最終的な答えが、ここにある。

1,800円

心を育てる「徳」の教育

受験秀才の意外な弱点を分かりやすく解説。チャレンジ精神、自制心、創造性など、わが子に本当の幸福と成功をもたらす「徳」の育て方が明らかに。

1,500円

新時代の道徳を考える

いま善悪をどうとらえ、教えるべきか

道徳の「特別の教科」化は成功するのか?「善悪」「個人の自由と社会秩序」「マスコミ報道」など、これからの道徳を考える13のヒント。

1,400円

幸福の科学出版

大川隆法シリーズ・最新刊

元朝日新聞主筆 若宮啓文の霊言

朝日の言論をリードした人物の歴史観、国家観、人生観とは。生前、「安倍の葬儀はうちで出す」と言ったという若宮氏は、死後2日に何を語るのか。

1,400円

守護霊インタビュー 堺屋太一　異質な目 政治・経済・宗教への考え

元通産官僚、作家・評論家、元経済企画庁長官など、幅広い分野で活躍してきた堺屋太一氏。メディアでは明かさない本心を守護霊が語る。

1,400円

自民党諸君に告ぐ 福田赳夫の霊言

経済の「天才」と言われた福田赳夫元総理が、アベノミクスや国防対策の誤りを叱り飛ばす。田中角栄のライバルが語る"日本再生の秘策"とは!?【HS政経塾刊】

1,400円

天才の復活 田中角栄の霊言

田中角栄ブームが起きるなか、ついに本人が霊言で登場! 景気回復や社会保障問題など、日本を立て直す「21世紀版 日本列島改造論」を語る。【HS政経塾刊】

1,400円

※表示価格は本体価格(税別)です。

大川隆法ベストセラーズ・地球レベルでの正しさを求めて

正義の法

法シリーズ
第22作

憎しみを超えて、愛を取れ

テロ事件、中東紛争、中国の軍拡――。あらゆる価値観の対立を超える「正義」とは何か。著者2000書目となる「法シリーズ」最新刊！

2,000円

世界を導く日本の正義

20年以上前から北朝鮮の危険性を指摘してきた著者が、抑止力としての日本の「核装備」を提言。日本が取るべき国防・経済の国家戦略を明示した一冊。

1,500円

現代の正義論

憲法、国防、税金、そして沖縄。
――『正義の法』特別講義編

国際政治と経済に今必要な「正義」とは――。北朝鮮の水爆実験、イスラムテロ、沖縄問題、マイナス金利など、時事問題に真正面から答えた一冊。

1,500円

Welcome to Happy Science!

幸福の科学グループ紹介

「一人ひとりを幸福にし、世界を明るく照らしたい」──。
その理想を目指し、幸福の科学グループは宗教を根本《こんぽん》にしながら、
幅広い分野で活動を続けています。

宗教活動

幸福の科学【happy-science.jp】

- 支部活動【map.happy-science.jp（支部・精舎へのアクセス）】
- 精舎（研修施設）での研修・祈願【shoja-irh.jp】
- 学生局【03-5457-1773】
- 青年局【03-3535-3310】
- 百歳まで生きる会（シニア層対象）
- シニア・プラン21（生涯現役人生の実現）【03-6384-0778】
- 幸福結婚相談所【happy-science.jp/activity/group/happy-wedding】
- 来世幸福園（霊園）【raise-nasu.kofuku-no-kagaku.or.jp】

来世幸福セレモニー株式会社【03-6311-7286】

株式会社 Earth Innovation【earthinnovation.jp】

30th
おかげさまで30周年
2016年、幸福の科学は
立宗30周年を迎えました。

社会貢献

ヘレンの会（障害者の活動支援）【helen-hs.net】
自殺防止活動【withyou-hs.net】
支援活動

- 一般財団法人
「いじめから子供を守ろうネットワーク」【03-5719-2170】
- 犯罪更生者支援

国際事業

Happy Science 海外法人
【happy-science.org（英語版）】【hans.happy-science.org（中国語簡体字版）】

教育事業

学校法人 幸福の科学学園

- 中学校・高等学校（那須本校）【happy-science.ac.jp】
- 関西中学校・高等学校（関西校）【kansai.happy-science.ac.jp】

宗教教育機関

- 仏法真理塾「サクセス№1」（信仰教育と学業修行）【03-5750-0747】
- エンゼルプランV（未就学児信仰教育）【03-5750-0757】
- ネバー・マインド（不登校児支援）【hs-nevermind.org】
  - ユー・アー・エンゼル！運動（障害児支援）【you-are-angel.org】

高等宗教研究機関

- ハッピー・サイエンス・ユニバーシティ（HSU）

政治活動

幸福実現党【hr-party.jp】

- <機関紙>「幸福実現NEWS」
- <出版> 書籍・DVDなどの発刊
- 若者向け政治サイト【truthyouth.jp】

HS政経塾【hs-seikei.happy-science.jp】

出版 メディア 関連事業

幸福の科学の内部向け経典の発刊

幸福の科学の月刊小冊子【info.happy-science.jp/magazine】

幸福の科学出版株式会社【irhpress.co.jp】

- 書籍・CD・DVD・BDなどの発刊
- <映画>「UFO学園の秘密」【ufo-academy.com】ほか８作
- <オピニオン誌>「ザ・リバティ」【the-liberty.com】
- <女性誌>「アー・ユー・ハッピー？」【are-you-happy.com】
- <書店> ブックスフューチャー【booksfuture.com】
- <広告代理店> 株式会社メディア・フューチャー

メディア文化事業

- <ネット番組>「THE FACT」【youtube.com/user/theFACTtvChannel】
- <ラジオ>「天使のモーニングコール」【tenshi-call.com】

スター養成部（芸能人材の育成）【03-5793-1773】

ニュースター・プロダクション株式会社【newstar-pro.com】

学部のご案内

人間幸福学部

人間学を学び、新時代を切り拓くリーダーとなる

人間の本質と真実の幸福について深く探究し、
高い語学力や国際教養を身につけ、人類の幸福に貢献する
新時代のリーダーを目指します。
2年次以降は「人間幸福コース」と「国際コース」に分かれ、
各専門分野に重点を置いた学修をします。

経営成功学部

企業や国家の繁栄を実現する、起業家精神あふれる人材となる

企業と社会を繁栄に導くビジネスリーダー・真理経営者や、
国家と世界の発展に貢献する
起業家精神あふれる人材を輩出します。
2年次以降は、幸福の科学の経営論とともに、
従来の経営学や実践的な科目を学修します。

未来産業学部

新文明の源流を創造するチャレンジャーとなる

未来産業の基礎となる理系科目を幅広く修得し、
新たな産業を起こす創造力と起業家精神を磨き、
未来文明の源流を開拓します。
科学技術を通して夢のある未来を拓くために、
未知なるものにチャレンジし、創造していく人材を輩出します。

幸福の科学学園
中学校・高等学校（那須本校）

幸福の科学学園（那須本校）は、幸福の科学の教育理念のもとにつくられた、男女共学、全寮制の中学校・高等学校です。自由闊達な校風のもと、「高度な知性」と「徳育」を融合させ、社会に貢献するリーダーの養成を目指しています。

〒329-3434
栃木県那須郡那須町梁瀬 487-1
TEL.0287-75-7777
FAX.0287-75-7779
[公式サイト]
www.happy-science.ac.jp
[お問い合わせ]
info-js@happy-science.ac.jp

幸福の科学学園
関西中学校・高等学校

滋賀県大津市、美しい琵琶湖の西岸に建つ幸福の科学学園（関西校）は、男女共学、通学も入寮も可能な中学校・高等学校です。発展・繁栄を校風とし、宗教教育や企業家教育を通して、学力と企業家精神、徳力を備えた、未来の世界に責任を持つ「世界のリーダー」を輩出することを目指しています。

〒520-0248
滋賀県大津市仰木の里東2-16-1
TEL.077-573-7774
FAX.077-573-7775
[公式サイト]
www.kansai.happy-science.ac.jp
[お問い合わせ]
info-kansai@happy-science.ac.jp

「エンゼルプランV」

信仰に基づいて、幼児の心を豊かに育む情操教育を行っています。また、知育や創造活動を通して、ひとりひとりの子どもの個性を大切に伸ばします。お母さんたちの心の交流の場ともなっています。

TEL 03-5750-0757
FAX 03-5750-0767
メール angel-plan-v@kofuku-no-kagaku.or.jp

仏法真理塾 「サクセスNo.1」

全国に本校・拠点・支部校を展開する、幸福の科学による信仰教育の機関です。小学生・中学生・高校生を対象に、信仰教育・徳育にウエイトを置きつつ、将来、社会人として活躍するための学力養成にも力を注いでいます。

【東京本校】
TEL 03-5750-0747
FAX 03-5750-0737
メール info@success.irh.jp

「ユー・アー・エンゼル!(あなたは天使!)運動」

障害児の不安や悩みに取り組み、ご両親を励まし、勇気づける、障害児支援のボランティア運動です。学生や経験豊富なボランティアを中心に、全国各地で、障害児向けの信仰教育を行っています。保護者向けには、交流会や、医療者・特別支援教育者による勉強会、メール相談を行っています。

TEL 03-5750-1741
FAX 03-5750-0734
メール you-are-angel@happy-science.org

不登校児支援スクール 「ネバー・マインド」

幸福の科学グループの不登校児支援スクールです。「信仰教育」と「学業支援」「体力増強」を柱に、合宿をはじめとするさまざまなプログラムで、再登校へのチャレンジと、進路先の受験対策指導、生活リズムの改善、心の通う仲間づくりを応援します。

TEL 03-5750-1741
FAX 03-5750-0734
メール nevermind@happy-science.org